마음·뇌·심리

데카르트에서 제임스까지

MIND AND BODY: RENÉ DESCARTES TO WILLIAM JAMES

Robert H. Wozniak 저 진영선 · 한일조 공역

학지사

MIND and BODY
: RENÉ DESCARTES TO WILLIAM JAMES
by Robert H. Wozniak

역·자·서·문

오래전 역자의 유학시절 이야기다. 첫 학기 강좌들 중 하나가 필수과목인 '심리학사' 였다. 담당교수는 수면연구의 대가 중 한 분인 Dr. Webb로 학과의 원로교수였다. 자신의 실험실에서 진행 중인 여러 프로젝트로 정신없는 와중에 왜 자신의 연구 주제와 전혀 무관한 강의를 담당하게 되었는지 매우 궁금하였다. 그런데 한 학기 수업이 끝나자 그런 의문점은 말끔히 사라졌다. 해박한 역사 지식과 멋진 중저음의 목소리를 지닌 그의 강의는 마치 한 편의 장편 다큐멘터리를 보는 듯했다. 그러나 더욱 인상

깊었던 점은 그가 인간의 마음과 행동의 관계에 대한 확고한 철학적 관점의 소유자라는 사실이었다. 만약 그런 사상적 기반이 없는 학자였다면 자신의 분야에서 의미 있는 업적을 남기기는 어려웠을 것이라는 생각이 자연스럽게 들었다.

최근 첨단화된 뇌 영상촬영 장치를 통해 마음/신체 관계에 관한 많은 신경과학적 연구결과들의 객관성이 높아졌음에도 오히려 더 많은 논쟁을 불러일으키고 있다. 이는 과학적 연구와 같은 인과적 설명에서는 더욱 엄밀하고도 일관된 설명의 틀이 요구되기 때문인 듯하다. 유감스럽게도 오늘날 우리나라 대학에서는 심리학 역사에 대한 강의가 사라졌으며, 학생들은 물론 전문가 집단인 교수들 사이에서도 이런 추세를 걱정하는 움직임은 전혀 보이지 않는다.

이 책은 미국심리학회와 미국의학도서관 주관으로 열린 미국심리학회 창립 100주년 기념 출판물 전시회에 등장한 심리학 관련 유명 출판물들의 작가 소개와 그 기념비적 의미를 Dr. Wozniak 교수가 *Mind and Body: René*

*Decartes to William James*라는 제목으로 엮어 낸 일종의 소개책자다. 총 3부로 구성되어 있으며, 제1부에서는 데카르트의 심신이원론과 이를 바탕으로 한 중세에서 근대까지의 심리학적 논쟁이 소개된다. 제2부에서는 경험주의 철학과 인간 마음의 이해에 관한 실험심리적 접근의 필연적 관계에 대한 진술이 이어진다. 마지막 제3부에서는 제임스의 『심리학 원리』의 등장에 영향을 준 미국의 문화와 의식, 그리고 학문적 풍토에 관한 내용을 담고 있다.

인간의 마음/신체 관계 문제는 학문의 영역을 뛰어넘어 인간 이해를 위한 지속적인 관심사다. 따라서 이 책은 철학의 물리주의에 관한 연구에 관심을 둔 인문학도나 뇌 기능의 교육적 함의에 관심을 둔 교육전문가, 그리고 최근의 인지신경과학에 대한 폭발적 관심에 따른 대뇌국재설과 같은 뇌의 기능적 특성에 관한 연구를 하는 임상가에 이르기까지 다양한 분야의 사람들에게 요구되는 철학적 여행서라고 할 수 있다.

이 책의 번역 작업은 이 분야에 관해 관심을 가져온 공역자 한일조 박사의 노력이 아니었다면 시작하지도 못했을 것임을 밝혀 둔다. 비록 분량이 압도적으로 많지는 않지만, 응축된 의미의 용어들을 풀어쓰려는 노력이 빈번히 벽에 부딪혔던 좌절의 경험도 있었음을 또한 밝혀야 할 것 같다. 끝으로 이 책의 출판을 맡아 주신 학지사 김진환 사장님과 출판 과정에서 애써 주신 편집부 임직원 여러분 그리고 정독을 통해 더 나은 원고가 되도록 도와준 경북대학교 심리학과 김영경 선생께도 감사드린다.

2011년 3월

역자 대표 진영선

저·자·서·문

마음과 몸에 대한 보편적 생각은 이 두 가지가 상호작용한다는 것이다. 우리의 지각, 사고, 의도, 의지작용 그리고 근심걱정은 우리의 몸과 행동에 그대로 영향을 미친다. 반대로 뇌와 신경계 상태는 바로 마음 상태를 생성한다. 그러나 공교롭게도 상식적 생각에는 모순이 있어 보인다. 뇌와 신경계는 가촉적可觸的, 가시적, 공적이며, 공간 내 연장적延長的인 것으로 분명히 물리 세계의 일부분이다. 이에 비해 사고, 감정, 의식 및 여타 마음의 상태는 비가촉적, 비가시적, 사적이며, 공간이 아닌 시간 내 배열된 것으로 정신적인 것이다. 뇌와 마음이 근본적으로 서로 상이한 종류이고, 더구나 인과법칙이라는 것이 원인과 결과가 서로 비슷한 종류여야 한다면, 뇌가 마음을 생성한다거나 마음이 뇌에 영향을 미친다거나 하는 것이 절대로 불가능하다. 이러한 모순이 마음/몸 문제, 즉 뇌와 마음 간의 문제 중 절반을 차지한다.

하지만 비가촉적이고 비연장적인 마음과 가촉적이고 연장적인 물리적 자연 사이의 구분이 유지되면, 마음/몸 문제는 또한 마음과 우리 주변 세계와의 관계 문제도 된다. 자연적 환경이란 결국 뇌만큼이나 물리적 실체이며, 우리가 환경을 어떻게 의식하게 되는가 하는 것은 우리 의식과 신경계 작용 간의 관계 못지않게 불분명하기 때문이다.

학문 및 임상 분야로서의 심리학에 대한 지성사intellectual history 중 대부분은 마음과 몸에 대한 이 두 가지 문제를 이해하려고 노력해 왔다. 이번 전시회와 또 후속될 논의를 통해 우리는 마음과 신체 그리고 그 관계에 대한 이론들의 발전 과정을 확인해 가면서 그 역사를 추적해 나갈 것이다. 마음과 몸의 문제에 대한 데카르트René Decartes의 이론은 이런저런 방식으로 후속 견해에 영향을 미쳤는데, 우리는 데카르트부터 17, 18세기 사상이 데카르트의 이론에 어떻게 반응하면서 발전해 왔는지를 언급할 것이며, 19세기 마음/뇌 관계 이론이 뇌를 '마음의 기관'으로, 그리고 마음을 뇌와 신체 질병 및 치료의 강력한 원천으로 이해하게 된 변화와 연결 지을 것이다.

이러한 생각을 배경으로, 우리는 실험심리학의 등장을 마음/세계 관계에 대한 '철학적 분석', 마음과 세계 사이를 매개하는 감각-운동 장치로서의 신경계에 대한 '생리학적 개념' 사이의 인터페이스에서 생겨난 것으로 특징지을 것이다. 이러한 측면에서 우리는 유럽인들의 기여뿐 아니라 간혹 간과되곤 하는 미국인의 초기 기여에도 초점을 둘 것이다. 그리고 아마 심리학에서 가장 위대한 유일서인 『심리학 원리Principles of Psychology』1890에서 이들 모든 다양한 계기를 다룬 윌리엄 제임스의 사상에 매우 큰 영향을 미친 몇몇 이론에 대한 간략한 논의로 이 책을 마무리 지을 것이다.

차 례

02 실험심리학의 기원 105

03 미국의 심리학 153

01

데카르트와 마음/신체 이원론의 유산

마음 · 뇌 · 심리: 그 역사와 인물들

01
데카르트와 마음/신체 이원론의 유산

1. 데카르트

서구 사상에서 마음과 신체 사이의 위대한 철학적 구분은 그리스 시대까지 거슬러 올라가지만, 마음/신체 관계에 대한 첫 번째 체계적 설명은 프랑스의 수학자이자 철학자, 생리학자인 데카르트René Decartes, 1596~1650, [그림 1-1] 참고의 주요 업적에서 볼 수 있다. 데카르트는 프랑스 투렌 지역의 작은 도시 라에에서 태어났으며, 8세 때부터 플레시라는 예수회Jesuit 학교에서 교육을 받았다. 재학 중 데카르트트는 체계적으로 명상을 하면서 아침은 침대 위에서 보내는 습관을 키웠다. 명상 중 데카르트는 수학의 확실성과 철학의 논란성이 매우 대조적임을 발견하고, 과학도 수학적 지식만큼 확실한 지식을 산출할 수 있을 것으로 믿게 되었다.

1612년 플레시를 떠나 1628년 네덜란드에 정착하기까지 데카르트는 주로 여행과 사색, 그리고 서신 교환을 하면서 시간을 보냈다. 1628년부터 별 성과가 없던 1649년의 스웨덴 여행까지 대부분은 네덜란드에 머물렀는데, 데카르트가 후대의 마음/신체 학도들을 위한 화두를 설정케 한 일련의 저술들을 내놓은 것이 바로 이 시기였다. 그 중 첫 번째 저작인 『인간론De homine』은 네덜란드에서, 갈릴레오가 단죄받기 바로 전인 1633년경 완성되었다. 친구이며 잦은 교신 상대였던 메르센Marin Mersenne이 갈릴레오의 장래가 종교재판소 처분에 달렸다는 내용의 편지를 보내자 데카르트는 즉각 자신의 논문 발매를 중지하였다. 그 결과 생리심리학에 대한 세계 최초의 본격 논문은 저자가 죽고 난 뒤에야 출판될 수 있었다.

[그림 1-1] 데카르트

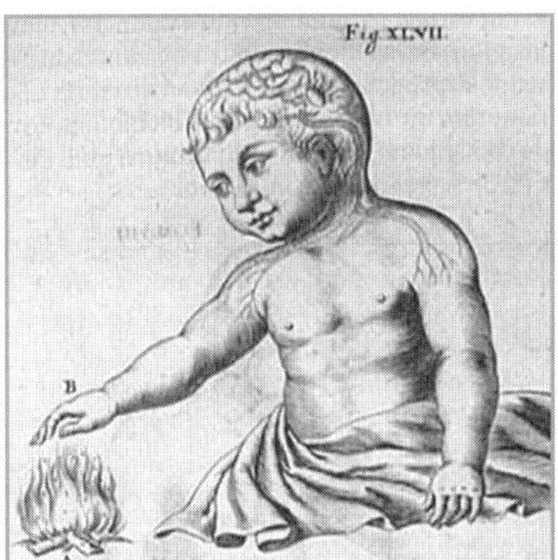

[그림 1-2] 데카르트 『인간론』1662에 예시된 외적 사건에 대한 자동반응 기제

이 논문에서 데카르트는 외적 사건에 대한 자동반응 기제[그림 1-2] 참고를 제안하였다. 그의 제안에 따르면, 외적 동작은 신경섬유 말초단에 영향을 주고, 이것이 다시 중추단을 전위시킨다. 그리고 중추절이 전위되면 원섬유 사이 공간 형태가 재배열되고 그와 함께 동물적 정기animal spirits의 흐름이 적절한 신경으로 나아가게 된다. 일반적으로 데카르트에게 반사이론 기초화의 공을 돌리는 것은 바로 그의 이 자동적이며 다양한 반응 기제에 대한 설명 때문이다.

데카르트는 '성찰Meditationes'을 통해서 비로소 마음과 신체 사이의 형이상학적 구분에 대해 본격적으로 논의하지만, 『인간론』은 관련 견해들을 개괄하면서 이후 사상가들의 강경 반응을 유발하는 최초의 마음/신체 상호작용론에 대한 설명을 제공하였다. 데카르트적 개념에서의 합리적 영혼은 신체와 구분되는 실체이며, 송과선pineal gland에서 신체와 만나며, 원섬유 사이 공간의 재배열로 야기되는 다양한 동물적 정기의 생성에 대해서는 의식할 수도 있고 못할 수도 있다. 의식이 될 때 그 결과는 바로 의식적 감각, 즉 '마음에 영향을 미치는 신체'가 된다. 반면, 자발적 행동에서 영혼은 동물적 정기의 또 다른 생성을 야기하는데, 이 경우 마음도 신체에 영향을 미칠 수 있게 된다.

1641년 데카르트의 『제일철학에 관한 성찰: 신의 존재 및 인간의 영혼과 육체의 구별 논증Meditationes de prima philosophia, in quibus Dei existentia, & animae á corpore distinctio demonstratur』이 출간되었다. 부제에서 분명히 알 수 있듯이, 오랫동안 서구 사상을 혹하게 한 마음과 신체에 대한 형이상학적 이원론이라는 체계적 설명을 데카르트가 처음으로 제시한 것이 바로 이 '성찰'에서다. 데카르트에게는 두 개의 상이한 창조된 실체, 즉 신체와 영혼'마음'이라 하기도 했다.이 있었다. 신체의 본질이 연장extention이라면 영혼 혹은 마음의 본질은 사유thought다. 신체가 공간적인 반면, 영혼은 비연장적이다. 신체는 영혼의 간섭 없이도 스스로 많은 행동을 취할 수 있는 메커니즘인 데 비해, 마음은 신체를 통제할 수도 있지만 항상 그렇지는 않은 순수 사유적 실체다. 어떻게 공간적인 신체가 비연장적인 마음에 영향을 주거나 그에 의해 영향을 받을 수 있는지는 데카르트에게 있어서는 공간적인 용어로도 비공간적인 용어로도 이해될 수 없었다. 신체와 마음이 어떻게 서로 합쳐지는지를 이해하는 것이 우리의 능력 밖이든가, 아니면 기껏해야 둘의 상호작용이라는 상식적 개념에 머무를 수밖에 없다. 베시Vesey, 1965는 이 딜레마를 '데카르트의 곤경' 이라 부르고 있다.

1649년 스웨덴의 크리스티나 여왕의 개인교사로 자리를 잡기 위해 스톡홀름으로 떠나기 바로 전, 데카르트는 그의 마지막 대작 『정념론』Les passions de l'ame, [그림 1-3] 참고 원고를 출판사에 넘겼다. 『정념론』은 심리학 자체에 대한 그의 가장 중요한 기여가 되었다. 이 책은 일차적 정서에 대한 분석과 더불어, 인과적 마음/신체 상호작용에 대한, 그리고 송과선에서의 영혼의 신체와의 연결이라는 국재화局在化, localization에 대한 데카르트의 본격적인 설명을 담고 있다. 잘 알려져 있듯이 데카르트가 송과선을 택한 것은 그것이 뇌 속에서 양쪽으로 나눠지지 않는 유일한 기관인 것처럼 보였기 때문이며, 그것이 인간에게만 있는 것

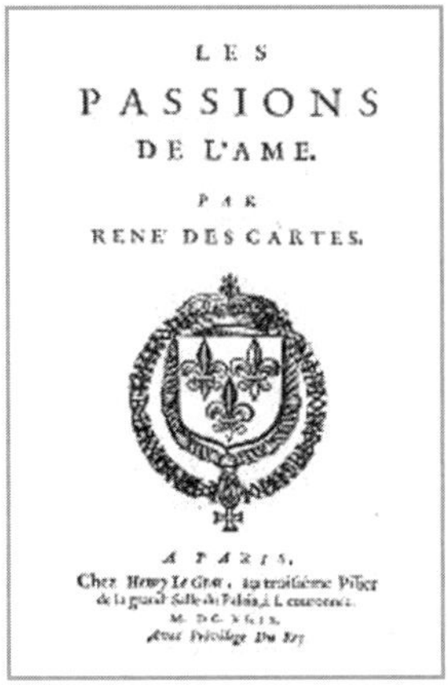

LES
PASSIONS
DE L'AME.
PAR
RENE' DES CARTES.

A PARIS,

[그림 1-3] 데카르트의 『정념론』은 심리학 자체에 대한 그의 가장 중요한 기여가 되었다.

이라고 잘못 믿었기 때문이다.

1650년 2월, 굳이 새벽 5시에 개인교습을 받겠다고 고집한 크리스티나 여왕과의 교습을 마치고 돌아오는 길의 혹한 속에서 데카르트는 그만 폐렴에 걸려 버렸다. 그 후 일주일도 채 못 넘기고 이후 철학에 여러 방향을 제시했던 한 인간은 결국 죽고 말았다. 참되고 확실한 지식의 문제에 초점을 둠으로써 데카르트는 인식론, 즉 마음과 세계 사이의 관계에 대한 의문을 철학의 출발점으로 만들었다. 신체와 영혼의 접점을 송과선에 둠으로써 데카르트는 마음과 뇌 및 신경 조직과의 관계에 대한 질문을 제기하였다. 그러나 동시에 그는 연장적인 신체와 순수 사유로서의 마음 사이에 너무 심한 존재론적 구분을 지음으로써, 확실성을 추구하다가 역설적이게도 지적 무질서를 초래하였다.

2. 17세기: 마음과 신체 이원론에 대한 반발

데카르트 이후 신체와 마음의 관계에 대한 철학의 역사는 바로 데카르트의 곤경을 벗어나기 위한 시도의 역사다. 말브랑슈Nicolas Malebranche, 스피노자Benedict de Spinoza, 라이프니츠Gottfried Wilhelm Leibniz 및 프랑스 유물론자 라 메트리Julien Offroy de La Mettrie와 카바니스Pierre Jean Georges Cabanis 등의 초기 시도들은 형이상학적 맥락에서 데카르트적 이원론에 대한 직접적인 대응들이라 할 수 있다. 19세기에 제기된 후기 견해들은 대뇌 기능의 국재화 및 기능적 신경 장애에 대한 연구 성과를 기존의 생물학 및 심리학 이론들과 조화시킬 필요가 있었다. 이 논란들은 두뇌가 마음의 기관으로 작용한다는 새로 수용된 견해를 반영하였다. 마음/뇌 관계에 대한 이 이론들—부수현상설epiphenomenalism, 상호작용설interactionism, 양면일원론dual-aspect monism, 정신질료론mind-stuff theory—은 비록 과학적 맥락에서 이루어졌지만, 이들 역시 데카르트적 곤경을 피하고자 하는 목적이 있었다.

만약 자연 세계가 물질적인 것은 공간 속에 연장되어 있고 마음은 그렇지 않도록 정신적인 것과 물질적인 것으로 날카롭게 구분되어 있다면, 그리고 인과율의 성질이 원인과 결과가 필연적 관계를 가지고 유사한 성격의 것이어야 하는 방식이라면, 데카르트류의 마음/신체 상호작용론은 지탱될 수 없음이 분명하다. 데카르트의 이런 모순을 다룬 첫 번째 시도는 '기회원인론occasionalism'으로 알려진 것이다. 제로Géraud de Cordemoy, 1626~1684의 『신체와 정신의 구별Le discernement du corps et de l'ame』 1666이 먼저 나왔고 그의 영향을 받았지만, 말브랑슈1638~1715의 책이 아마 기회원인론을 가장 영향력 있게 확산시켰을 것이다.

파리에서 태어나 라 마르슈 대학과 소르본느 대학에서 교육받은 말브랑슈는 1664년에 데카르트를 읽기 시작하였다. 10년 후 그는 『진리추구론De la recherche de la vérité』[그림 1-4] 참고을 발간하고 거기서 데카르트의 두 실체, 즉 마음과 신체는 인과적으로 서로 영향을 미치지 못한다고

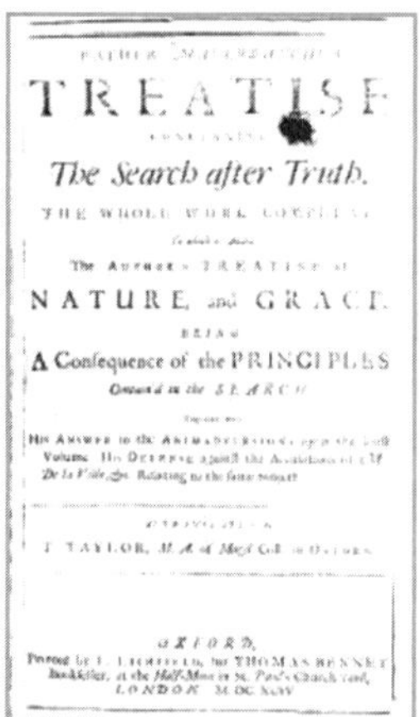
TREATISE

The Search after Truth.

The AUTHOR's TREATISE of

NATURE and GRACE.

A Confequence of the PRINCIPLES

OXFORD,

LONDON

[그림 1-4] 말브랑슈의 『진리추구론』은 정신과 신체가 서로 인과적 영향을 미치지 못한다는 기회원인론의 고전적 진술을 포함하고 있다.

주장하였다. 오직 유일하고 단일한 참된 원인은 신神뿐이라는 것이다. 마음의 신체에 대한 혹은 신체의 마음에 대한 영향이 없을 뿐 아니라, 유일하게 참된 원인으로서의 신이 경험상 일어나는 규칙성을 야기하기 위해 간섭하는 경우를 제외하고는 그 어디에도 인과율이 작용되지 않는다는 것이다. 예컨대, 누군가가 손가락을 움직이려고 한다면 그것은 곧 신이 그 손가락을 움직이려 하는 경우이기 때문이며, 어떤 사물이 갑자기 한 사람의 시야에 나타난다면 그것도 신이 그 사람의 마음에 시지각을 야기하려 하는 경우이기 때문이라는 것이다.

데카르트의 곤경에 대응하는 대안으로서 훨씬 더 끈질긴 또 다른 시도는 스피노자1632~1677, [그림 1-5] 참고였다. 암스테르담에서 태어난 스피노자는 렌즈를 만들며 일생을 보냈다. 이설을 믿는다는 이유로 회당에서 추방된 유대인인 그는 동시대 네덜란드 사람들이나 유대인들과도 거의 유대를 갖지 않았고, 살아 있는 동안 저서도 거의 출간하지 않았다. 형이상학적 걸작인 〈에티카De ethica〉도 1677년 첫 출간된 그의 『유고집Opera posthuma』에 실린 것

[그림 1-5] 스피노자

이었다.

정신적 및 신체적 영역에서 공히 작용하는 인과율이라는 아이디어를 희생시키지 않고 유일하게 참된 원인으로서의 신에 대한 개념을 유지하기 위해 스피노자는 '양면이론double-aspect theory'이라 불리는 것을 취하고 데카르트의 이중실체론을 버렸다. 양면이론이란 정신적인 것과 신체적인 것이 단순히 단일 실체의 상이한 측면일 뿐이라는 생각을 기초로 한다. 스피노자에게 있어서 그 단일 실체란 바로 신이었다. 의식의 세계와 연장의 세계가 서로

질적으로 구분되어 있다는 데카르트의 생각에 동의하면서도, 스피노자는 의식과 연장이 단일한 무한적 실체의 두 가지 속성일 뿐이라고 생각하여 그 둘이 각각 유한적 실체의 속성이라는 데카르트의 견해를 거부하였다. 그 단일 실체로서의 신은 존재하는 만물의 보편적 속성 혹은 성질이라는 것이다.

스피노자의 견해가 직접적으로 뜻하는 바는 바로 정신적 사건이 단지 다른 정신적 사건만 결정할 수 있고, 또 신체적 운동이 단지 다른 신체적 운동만 결정할 수 있지만, 그럼에도 불구하고 마음과 신체는 미리 정해진 조화 속에 존재하는데, 이는 동일한 신적 본질이 양자 안에서 연결점을 형성하여 자기모순적일 수 없게 되기 때문이라는 것이다. 뒤에서 다시 보게 되겠지만, 19세기 후반 양면 이론이 다시 되살아나게 된다.

데카르트적 상호작용론에 대한 또 다른 대안은 '심신병행론psychophysical parallelism' 이다. 이 견해는 마음과 신체 이원론은 물론 정신적 사상과 신체적 사상 사이의 규칙적 상관의 개념을 유지하지만, 직접적이거나 간접적인 인과적 마음/신체 결합에 대한 어떠한 가정도 피한다. 즉, 심신 병행론은 마음과 신체와 같은 완전히 서로 다른 사상들이 어떠한 방식으로든 서로에게 영향을 미칠 수 없다는 이유에서 상호작용론을 피한다. 이것은 또한 그 어떤 제3의 존재도 그것이 무엇이든 상관없이 그렇게 서로 다른 효과를 일으킬 수 없다는 이유에서 기회원인론도 양면이론도 거부한다. 병행론은 단순히 모든 정신적 사상이 신체적 사상과 서로 상관되어 있어서 하나가 일어나면 다른 하나가 일어나는 방식이라는 사실만 받아들인다.

이러한 형태의 병행론은 대개 라이프니츠1646~1716까지 거슬러 올라간다. 역사가이자 수학자, 철학자, 과학자, 그리고 외교관인 라이프니츠는 라이프치히 태생으로 대부분의 교육을 거기서 받았다. 마인츠에서 잠시, 그리고 파리에서 4년을 보낸 후 1676년, 그는 하노버로 가서 그의 여생을 보냈다. 여러 학술지에 계속 교신 기고가, 원고 작성자로 활동했던 라이프니츠의 대부분의 주요 저서는 서신에 수록되어 있든가, 기고 글 형태로 출판되든가, 아니면 죽을 때까지 미간행인 채 남았다.

『자연의 신체계Systéme nouveau de la nature』1695와 『신체계 해명Eclaircissement du nouveau sisteme』1696에서 라이프니츠는 그 유명한 심신병행론적 설명을 제시하였는데, 거기서 그는 기회원인론적 은유를 채택하여 영혼과 신체가 예정된 조화 속에 존재한다는 견해를 지지하였다. 영혼과 신체를 완전히 똑같이 일치해서 작동하는 두 개의 시계에 비유하면서 라이프니츠는 이러한 일치를 가능하게 하는 세 가지 원천이 있다고 주장하였다. 그러한 일치는 상호영향상호작용론 때문이든가, 두 시계를 조정하여 일치하게 하는 숙련된 기술자의 노력기회원인론 탓이든가, 그것도 아니면 두 시계가 처음부터 향후의 조화가 담보되어 만들어졌기병행론 때문이라는 것이다. 라이프니츠는 한 실체에서 다른 실체로 옮겨가는 물질적 입자를 생각하는 것이 불가능하다는 이유에서 상호작용론을, 그리고 자연적 사건연쇄에 '만능신Deus ex machina'의 개입을 초래한다는 이유로 기회원인론을 거부한다. 남은 것은 병행론으로 마음과 신체가 창조 순간부터 신에 의해 예정된 조화 속에서 존재한다는 생각이다.

3. 18세기: 마음, 물질, 일원론

앞의 모든 견해, 심지어 스피노자의 견해조차도 마음과 신체 사이에 어떠한 구분을 내린다. 어떤 수준에서든 그러한 구분이 내려지고 나면 즉각적으로 마음을 신체에 재연결하는 문제가 야기된다. 마음/신체 문제를 완전히 피하려면 마음과 신체 사이의 그 어떠한 구분도 거부해야 한다. 지성사의 흐름 속에서 이러한 류의 거부는 다양한 형태를 취해 왔다. '유심론immaterialism'은 버컬리George Berkeley, 1685~1753의 『인간 지식의 원리에 관하여A Treatise concerning the Principles of Human Knowledge』1710에서 가장 잘 나타나 있는바, 비정신적인 물질적 실체의 가능성조차 부정한다. 버컬리에 따르면 무언가가 존재한다는 것은 그 무엇이 지각되는 것 아니면 지각하려는 능동적 마음이다. 이러한 관점에서 우리가 신체로 생각하는 것은 단순히 마음이 지각하는 것에 불과하기 때문에 어떠한 마음/신체 구분도 없다. 버컬리 당시에는 별다른 지지자들이 없었지만, 유심론은 19세기 후반 정신질료론의 형태로 다시 나타나게 되었다.

'유물론materialism'은 고대부터 시작되었는데 물질matter이 근본적이라 주장한다. 그 외 다른 무엇이 존재하든, 그것이 존재하는 한 물질에 의존한다는 것이다. 가장 극단적 형태의 유물론은 정신적 사상의 존재를 완전히 부정하는데, 이러한 견해는 순전히 물리적 자동인형으로서의 동물이라는 데카르트의 개념에 기원을 두고 있는 것 같다. 좀 덜 극단적인 형태의 유물론은 정신적 사상들을 신체적 사상들에 의존하는 것으로 만들지만 그 존재 자체를 부정하지는 않는다. 이것은 바로 데카르트보다 한 세기 뒤, 라 메트리1709~1751, [그림 1-6] 참고에 의해 제시된 견해였다.

라 메트리는 프랑스 북서부 브르타뉴 주 생말로라는 도시에서 태어났다. 파리 대학과 랭스 대학에서 의학을 공부한 후 네덜란드 레이덴 대학의 부르하버Hermann Boerhaave 밑에서 공부하기도 하였다. 1745년 그는 처녀작 『영혼의 자연사Histoire naturelle de l'âme』를 출간하였다. 그의 유물론에 대한 대중의 강력한 항의는, 그의 거리낌 없는 의학적 풍자의

[그림 1-6] 라 메트리

발표에 대한 분노로 촉발되어 라 메트리는 자발적으로 네덜란드로 건너가게 되었다. 거기서 그는 1748년 『인간 기계론L'homme machine』[그림 1-7] 참고을 발표하였는데, 이는 데카르트의 동물에 대한 자동인형 개념을 인간에게 확대 적용한 것이었다. 『인간 기계론』으로 라 메트리는 자유주의적이기조차 한 네덜란드 성직자들의 인내심마저 시험하게 되었다. 그래서 이 책은 대중이 보는 앞에서 불태워지고,

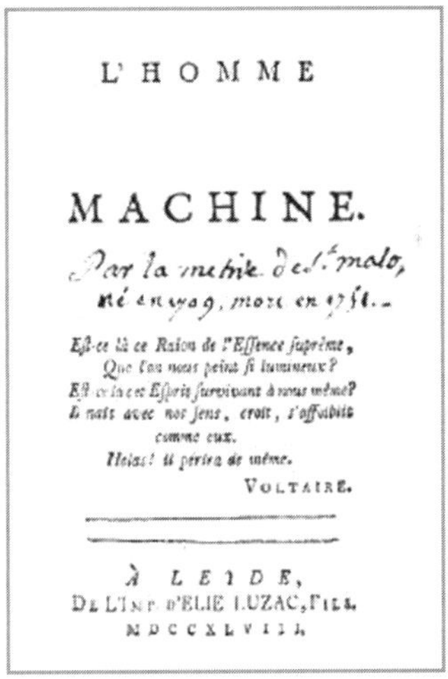

L'HOMME

MACHINE.

Est-ce là ce Rayon de l'Essence suprême,
Que l'on nous peint si lumineux?
Est-ce là cet Esprit survivant à nous même?
Il naît avec nos sens, croît, s'affoiblit
comme eux.
Helas! il périra de même.

VOLTAIRE.

À LEIDE,
DE L'IMP. D'ELIE LUZAC, FILS.
MDCCXLVIII.

[그림 1-7] 『인간 기계론』은 1748년 세 종류의 프랑스어판으로 출판되었다. W판은 108쪽으로 극히 희귀아마 분서하며, 표준 X판은 109쪽으로 W판의 오류를 수정한 것이며, Y판은 해적판으로 추정되는데 148쪽으로 되어 있다.

라 메트리는 베를린의 프레드릭 대제의 보호를 요청하게 되었다. 그는 1751년 베를린에서 죽을 때까지 다양한 주제의 책을 출간하였는데, 대개 적을 화나게 하려는 계산이 있었다.

『인간 기계론』은 여러 모로 세상을 떠들썩하게 한 책이었다. 영혼 상태는 일방적으로 신체 상태에 물리적인 의존을 한다는 생각에 일방적인 물리적 의존을 찬성하면서 그는 분명히 반형이상학적인 톤을 유지하였다. 바타니안Vartanian, 1967이 지적하듯, 라 메트리의 "자연론적 인간관은 … 정신적 과정을 환원주의적으로 생리학적 원인들과 일치시키려는 … 특별히 의도된 요구는 없이 … 단순히 인간에 대한 실증적 연구에 필요한 일반적인 발견적 가설로서 제시"p. 380되고 있다. 거기다 『인간 기계론』은 의식적 및 자발적 과정들이 단지 그 기계적 구성 내용의 상대적 복잡성에 의해서만 비자발적 및 본능적 활동들과 구별될 뿐이라는 중요한 생각을 소개하였다. 이 점을 분명히 하면서 라 메트리는 데카르트의 정태적 기계론을 훨씬 넘어서 유목적적, 자율적, 역동적 체계로서의 살아 있는 기계에 대한 개념을 가지게 되었다.

비록 생전에는 비방을 받았지만, 라 메트리의 인정받지 못한 영향력은 프랑스 지식인 사이에선 오랫동안 남아 있었다. 카바니스1757~1808, [그림 1-8] 참고는 라 메트리의 사상에 빚지고 있는 사람 중 한 사람이었다. 사실 카바니스는 프랑스 계몽주의자 중 가장 열렬한 유물론자로서, 자신의 『인간의 육체와 도덕에 대한 보고서Rapports du physique et du moral de l'homme』1802에서 카바니스가 "사고가 연유하는 정신작용들에 대한 정확한 개념을 가지기 위해서는 위와 장이 소화작용을 하도록, 그리고 간이 담즙을 여과하도록 설계되었듯이, 뇌는 사고를 야기시키

[그림 1-8] 카바니스

기 위해 특별히 고안된 특수 기관으로 생각할 필요가 있다…." 영역본, p. 116라고 주장할 때, 단순히 라 메트리의 자연론을 그 논리적 극한까지 적용하고 있을 뿐이었다.

4. 19세기: 마음과 뇌

19세기가 전개되면서 마음과 뇌 관계 문제는 훨씬 더 절박한 문제가 되었다. 사실 마음/뇌 관계에 대한 관심이 너무 깊은 나머지 1860년 이후 저술된 체계적인 글 치고 이 문제에 대한 논의를 포함하지 않은 것을 찾기가 힘들 정도다. 크게 보면 이것은 철학자들과 심리학자들을 마음/뇌 문제에 집중하게 한 두 개의 주요 발전 계기를 반영한 것이다. 그중 첫 번째 발전 계기는 대뇌 기능의 국재화에 대한 이해의 진전과 관련된 것으로 뇌가 마음의 기관으로 작용한다는 생각에 기초하고 있다. 두 번째 발전 계기는 정신적 사상들—믿음, 암시, 최면 상태, 심리적 외상 등—이 때로 신체 상태의 급격한 변화를 초래한다는 이론에 점차 친숙해진 것과 관련이 있다. 이러한 변화는 기능적 신경 장애 성격에 대해 좀 더 이해하게 됨에 따라 생겨났다. 더 나아가기 전에, 이들 경향에 부응해 표현된 주요 마음/뇌 관계에 대한 관점들을 간략히 기술하고자 한다.

19세기에 유행한 마음/뇌 관계 이론—부수현상설, 상호작용설, 양면일원론, 정신질료론—은 비록 과학적 맥락에서 이루어졌다고 하지만, 그 이전 이론들과 마찬가지로 데카르트의 곤경이라는 형이상학적 난점들을 다루기 위해 시도된 것들이었다. 그러므로 이들 관점 대부분이 이미 다루어진 주제들의 변용으로서 전개되었다는 사실은 놀랄 일이 아니다.

1870년 영국 철학자 호지슨Shadworth Holloway Hodgson, 1832~1912은 『실천론The Theory of Practice』[그림 1-9] 참고이란 제목이 붙은 두 권의 책을 발표하였다. 이 책에서 그는 자신이 '부수현상설'이라 명명한 관점에 관해 최초로 근대적인 설명을 하였다. 물론 데카르트도 동물들이 정신적 상태가 결여된 순전히 물리적인 자동인형이란 생각을 했던 바, 이런 생각은 완전히 자기충족적인 신경 기제의 경우

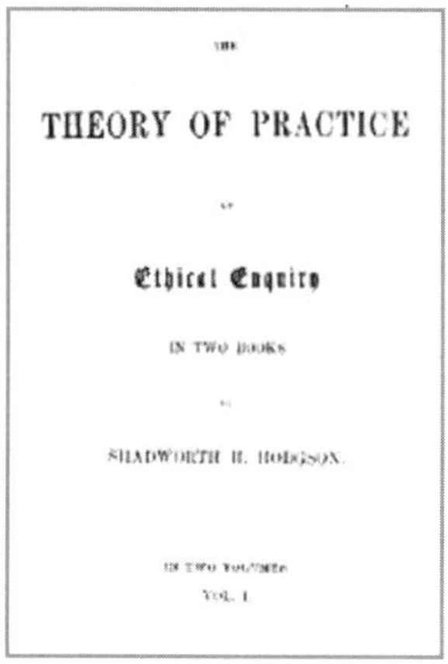

[그림 1-9] 『실천론』에서 호지슨은 마음이 부수현상이라는 관점에 관한 최초의 근대적 설명을 제공하였다.

복잡하고도 분명히 지적인 활동을 야기할 수 있다는 함의를 갖고 있다. 라 메트리 그리고 후에 카바니스가 이러한 생각을 인간에게로까지 확대하였지만, 정신적 상태의 현실적 존재가 아닌 인과적 영향력만 부정된 정도로 조정되었다. 이런 점에서 프랑스 유물론자들은 호지슨의 존재를 예견하고 있었다고 볼 수 있다.

『실천론』에서 호지슨은 정서가 그 강도와는 상관없이

어떠한 인과적 영향력도 가지지 못함을 주장하였다. 호지슨은 정신적 상태를 스톤모자이크 표면에 비친 빛에 그리고 신경적 사상을 그 지지석에 비유하면서, 돌들이 서로에 의해 지지되는 것이지 자신들이 지원하는 색깔에 의해 지지되는 것이 아니듯이, 신경계의 사상들은 그에 부수되는 정신적 상태와는 별개의 자율적 연쇄고리를 형성한다고 주장하였다. 정신적 상태들은 '부수현상epiphenomena'일 뿐, 다시 신경계로의 반영은 불가능하다는 것이다.

이러한 견해는 이어서 헉슬리Thomas Henry Huxley, 1825~1895에 의해 채택되어 대중화되고 또 진화론적 이론 속에 자리매김하게 되었다. 1874년 영국과학진흥협회The British Association for the Advancement of Science 벨파스트 대회에서 했던 연설에서 헉슬리는 그 시대에 가장 널리 인용되고 영향력이 있었던 논문 한 편을 발표했는데, 그것은 바로 『동물 자동인형 가설 및 그 역사On the hypothesis that animals are automata, and its history』다. 그 논문에서 헉슬리는 의식 상태들이 단순히 필수불가결한 정도의 조직을 획득한 뇌물질상의 분자적 변화의 결과일 뿐이라고 주장하였다.

[그림 1-10] 카펜터

그러므로 동물은 '의식 있는 자동인형'이라는 것이다.

같은 해에 또 다른 저서가 나왔는데, 바로 카펜터William Benjamin Carpenter, 1813~1885, [그림 1-10] 참고의 『정신생리학원리Principles of Mental Physiology』로, 이 책은 마음/신체 관계에 대해 호지슨 및 헉슬리의 부수현상설과 정반대의 입장을 취했다. 카펜터는 브리스톨 대학, 런던 유니버시티 칼리지, 에든버러 대학에서 의학교육을 받은 의사였다. 1845년에 그는 영국왕립과학연구소의 풀러 생리학 교수직을 획득하였으며, 1856년에서 1879년까지는 런던 대학 학적담당관으로 봉직하였다. 『정신생리학 원리』는 19세기에 가장 철저하다고 할 수 있는 '상호작용설interactionism'을 담고 있었다.

카펜터에 따르면 "정신적 활동의 일차적 형태—감각적 의식—가 생리학적 과정을 통해 자극된다는 사실 이상으로 더 확실한 것이 없다. 예컨대, 눈의 망막에는 발광 이미지의 형성에 의해 특정한 인상이 만들어진다. … 빛은 신경을 활력화시키고, 이 힘의 전달이 우리의 시각적 의식의 수단이 되는 뇌 부위 활동을 자극한다. 이제 감각중추에서 그렇게 자극된 '물리적' 변화는 망막에 그 이미지가 형성되어 우리가 어떤 물체를 보는 것이라 일컫는 '심리적' 변화로 이어지는지에 대해서는 아무것도 아는 바가 없다. 하지만 우리는 빛이 화학적 변화를 야기하는 방식에 대해서도 모르기는 마찬가지다. … 그리고 말할 수 있는 것이란 다만 선행사건과 후행사건 사이의 밀접한 인과관계와 같이 사건 사이에는 밀접한 연관관계가 도처에 존재한다는 것뿐이다."

역으로 "근육 기관을 통한 동작을 야기할 정신적 상태와 신경력 형성 사이에 상관관계와 같은 것이 존재할 수도 있다. … 각각의 정신적 활동 종류—감각적, 본능적, 정서적, 관념적, 의지적—는 신체적 운동으로 표현될 수도 있다. … 마치 잘 만들어진 전지의 회로가 '단절되면' '비활성'이지만 '연결되면' 곧 '활성'이 되듯이, 감각, 본능적 경향, 정서, 관념 혹은 의지 활동도 같은 방식으로, 회로를 '연결하기'에 적당한 힘을 얻게 되면 그로 말미암아 뇌의 특정 부위가 … 반드시 충전되게 하는 신경력을 작용시킨다." pp. 12–14

불행히도 데카르트의 『인간론』과 카펜터의 『정신생리학 원리』 사이 241년 동안 상호작용설에 대한 주된 반대를 없앨 만한 발전은 거의 이루어지지 못했다. 자주 인용되는 틴들Tyndall, 1871의 표현대로, "뇌의 물리학에서 그에 상응하는 의식의 사실에 이르는 길은 생각할 수도 없다. 설사 특정 사고와 뇌 안에서의 특정 분자 활동이 동시에 일어난다고 하자. 하지만 추론의 과정에 의해 어느 하나에서 다른 하나로 옮겨 갈 수 있게 할 지적 기관도, 그 기관의 발전 조짐도 전혀 없다." pp. 119–120 이것이 바로 상호작용설이 가진 문제의 반 정도만 해결할 수 있었던 부수현상설에 대항해 효과적으로 강조될 수 있는 반대 이유였기 때문에, 여타 19세기 사상가들은 선행자들이 그랬던 것처럼 최후의 의거처인 일원론에 의지하였다. 당시 가장 영향력 있던 일원론 두 가지는 모두 속성이론인바, '양면일원론'과 '정신질료론'을 말한다.

양면일원론은 루이스George Henry Lewes, 1817~1878가 고안하였다. 런던 태생의 루이스는 당대의 가장 다재다능하고 총명한 인물 중 한 사람이었다. 작가, 배우, 생물학자, 철학자 및 심리학자로서의 그의 관심사는 경이로울 정도로 다방면의 주제에 걸쳐 있었다. 그는 지금도 널리 읽히고 있는 『철학전기Biographical History of Philosophy』 1845/1846의 저자였다. 그리고 그의 『일상생활의 생리학Physiology of Common Life』 1859/1860은 젊은 파블로프Ivan Petrovich Pavlov가 생리학을 공부하도록 만들었으며, 전질 5권의 『생명과 마음의 문제Problems of Life and Mind』 1874/1879는 당시 심리학에 큰 공헌을 하였다.

『생명과 마음의 문제』의 제3권인 〈마음의 신체적 기초The Physical Basis of Mind〉에서 루이스는 양면이론의 고전적 이론격인 '양면일원론'을 상세히 전개하였다. 자신의 입장 제시에서 루이스는 선행자들의 이론을 훨씬 뛰어넘어 '중립일원론neutral monism'이라 불리게 된 견해를 갖고 양면이론을 보완하였다. 중립일원론은 오직 한 가지 종류의 '질료'만 있다는 것 그리고 신체는 단지 질료의 배열에서만 혹은 그것이 이해되는 관점에서만 다르다는 주장을 포함하고 있다.

페히너Gustav Theodor Fechner의 은유를 빌어 루이스는 마음과 신체의 관계를 비록 각 점에서는 오목 볼록으로 특징지었지만 단일의 선으로서 동일성을 유지하는 하나의 곡선으로 특징지었다. 다른 말로 하면, 정신 및 신체 과정들은 단일 및 동일 심리신체 사상들의 서로 다른 측면일 뿐이라는 것이다. 주관적 관점에서 보면예컨대, 누군가가 사고하고 있을 때 그 심리신체적 사건들은 정신적인 것이 되고, 객관적 관점에서 보면예컨대, 누군가가 사고하는 사람의 뇌 속에서 일어나는 일을 관찰하고 있을 때 그것이 신체적인 것이 된다는 것이다.

하지만 양면이론을 위한 주장에서 루이스의 혁신적 생각은 결코 중립일원론에 머무르지 않았다. 그는 계속 주장하기를, 정신적 및 신체적 기술들은 서로 변환될 수 없는 용어들을 사용하고 있다는 것이다. 큰 코끼리에 대한 시각적 경험은 빛의 법칙이나 신경계의 메커니즘을 특징짓는 진술들로는 적절히 기술될 수 없다는 것이다. 다른 말로 하면, 정신적 용어는 원칙상 신체적 용어로 대체될 수 없다는 것이다. 이런 주장을 하면서 루이스는 논의 영역을 형이상학에서 언어 쪽으로 돌려 놓았고 극단적 환원론 및 생리학으로 심리학을 대체하는 것에 반대하는 가장 논리 정연한 주장을 제시하였다.

'정신질료론' 은 논리적으로 루이스의 양면일원론과 유사하며, 많은 관련 사상들을 포함한다. 그중 첫 번째가 판단, 추론, 의지작용 혹은 연속적 의식의 흐름과 같은 고차적 정신 특성들은 그 자체로 이와 같은 고차 특성들을 나타내지 않는 정신적 요소들정신질료들이 복합된 것이라는 생각이다. 두 번째는 가장 기초적인 물질 요소들조차 약간의 정신질료를 소지하기 때문에 이 물질 요소들이 결합할 때 정신질료들도 유사하게 결합한다는 생각이다. 예컨대, 분자들이 뇌 및 신경계를 구성할 정도로 충분히 복잡한 수준에서 결합될 때, 상관하는 정신질료는 의식을 형성한다는 것이다. 그리고 마지막으로 마음과 물질을 중립적 실체의 두 측면으로 이해하는 루이스의 양면일원론에 반대하여, 정신질료론은 심리일원론의 입장을 취하면서 마음만이 유일한 실제적 실체이며 물리적 세계는 마음이 이해되는 한 측면일 뿐이라고 주장한다.

의식은 그 자체로 의식을 소지하지 않는 정신적 요소들의 복합물이라는 생각이 19세기 동안 널리 퍼져 있었다. 예컨대, 제임스William James, 1842~1910에 의해 두루 비판받은 문구[그림 1-11] 참고에서 스펜서Spencer, 1870는 아마도 의식에는 하나의 원초적인 요소가 있으며, 수없이 많은 종류의 의식은 아마도 이 요소의 자체적 결합과 그 결합물들의 더욱더 고차원적 재결합의 산물이며, 그래서 아주 다양해지고 복잡해졌다."p. 150라고 주장할 정도가 되었다. 이러한 생각은 대개 라이프니츠와 그의 '미세지각petites perceptions' 이론1695년에 쓰였지만 1765년 『라틴 및 프랑스 철학전집Oeuvres Philosophiques latines & françises』에서 첫 출간된 〈인간 오성에 관

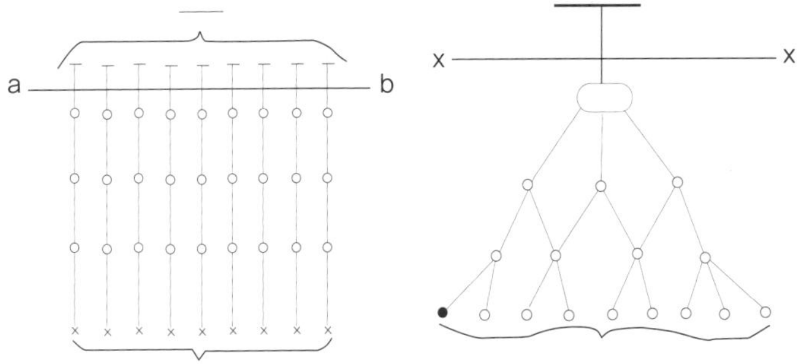

[그림 1-11] 제임스의 『심리학 원리Principles of Psychology』1890에 예시된 '정신질료' 결합

한 새로운 시론(Nouveau essais sur l'entendement humain)》 참고에 연유한다고 생각하지만, 다이아몬드Diamond, 1974는 라이프니츠의 친구 파르디Pardies, 1672의 글에서 이러한 개념의 분명한 선례를 확인하였다.

'정신질료mind-stuff'란 용어를 만들어 이를 마음 및 신체에 적용한 것은 일반적으로 클리퍼드William Kingdon Clifford, 1845~1879의 공이라고 하는데, 클리퍼드는 1878년 『마인드Mind』 지에 발표된 그의 『사물 자체의 성격에 관하여On the nature of thing in themselves』란 논문에서 '정신질료'

[그림 1-12] 프린스

이론의 요소들을 도입하였다. 하지만 정신질료 입장에 대한 가장 선명하고 간결한 설명은 『마음과 인간 기계장치의 성격The Nature of Mind and Human Automatism』 1885에서 프린스Morton Prince, 1854~1929, [그림 1-12] 참고에 의해 제공되었다.

프린스는 보스턴 태생으로 보스턴 라틴 스쿨, 하버드 학부, 하버드 의대에서 교육받았다. 히스테리에 대한 샤르코Jean-Martin Charcot와 자네Pierre Janet, 암시에 대한 리에보Auguste Ambroise Liébeault와 베른하임Hippolyte Bernheim, 최면적 해리 유도에 대한 거니Edmand Gurney, 그리고 자동기술에 대한 제임스의 연구에 영향을 받은 프린스는 자신의 생애에 걸쳐 연구하게 될 의식 및 무의식의 정신 현상에 대한 연구에 일찍이 입문하였다. 사실 프린스는 아직 의대생일 때 졸업논문으로 보일스톤 상을 수상하였는데, 그 논문은 결국 『마음과 인간 기계장치의 성격』의 핵심내용이 되었다.

『마음과 인간 기계장치의 성격』에서 프린스는 우리가 사고하는 것이 우리가 행동하는 것과 관계가 있다는 직관적 믿음을 정당화하는 데 관심을 가졌다. 그는 "그 어느 정도의 사유도 나로 하여금 내가 목마르기 때문에 이 물을 마신다는 믿음에서 벗어나게 못한다."p. 101고 말하였다. 심신병행론은 이러한 직관과는 거리가 있는 것이라고 거부하면서 프린스는 정신질료적 형이상학에 대한 고전적 설명을 제시하였다. "두 가지 속성 혹은 측면—마음과 동작—을 가진 하나의 실체가 있다기보다는 실체란 마음뿐이다. 또 다른 한 가지는 운동이라는 가현적 속성으로 이차기관은 이를 통해서만 오직 마음이라는 실체를 이해할 수 있다. 즉, 이차기관은 유일한 실체인 마음의 작동이상적으로에 의한 감각 혹은 그 효과를 알게 되는 것이다." pp. 28-29 다른 말로 하면, 프린스에게 있어서 정신질료에 대한 심리적 일원론은 유심론의 근대적 한 형태를 이루었다.

프린스와 마찬가지로 제임스도 마음의 영향력에 대한 확신을 잃을 수 없었다. 하지만 그의 사상의 발달 초기에 상당한 영향을 미친 호지슨과 마찬가지로 제임스는 뇌의 실제성과 영향력에 대한 믿음도 잃을 수 없었다. 1890년 『심리학 원리The Principles of Psychology』가 마침내 출간되었을 때 당대의 마음/뇌 견해들을 분석하고 비판하는 데 두 개의 장을 할애하였다. 하나는 자동인형 이론에 대한 것이고 다른 하나는 정신질료론에 대한 것이었다. 두 개의 장 모두 분석대상 견해들에 관한 찬반 이유에 대해 본격적 논의를 제시하고 있다. 이들 견해 각각에 대한 체계적인 분석을 따라가는 독자들은 어느 시점에서든 제임스가 스스로의 뛰어난 종합 의견을 제시할 것으로 기대할 것이다. 하지만 기대와는 달리 가공할 위력의 제임스조차 그에 앞서 간 많은 선행자들과 마찬가지로 결국은 그 자신이 데카르트의 곤경에 빠지게 되었다.

“어떡할까? 많은 사람들은 이 시점에서 알려지지 않은 것에 대한 신비감과 우리의 곤란을 최종적으로 해결할 그런 원리를 갖게 될 때 느낄 ‘경탄’을 생각하며 안도할 것이다. 또 어떤 사람들은 우리가 처음 시작했을 때의 사태에 대한 유한하고 분리주의적인 견해가 결국 모순을 찾아내게 되고, 변증법적으로 더 이상 모순이 없고 논리가 해결되는 어떤 더 ‘상위로의 통합’에로 지향하게 되는 것을 즐거워할 것이다. 태생적 약점인지 모르지만 나는 지적 패배의 사치를 누리기 위한 지적 도구들이 별로 편치 않다. 그것들은 단지 영적 마취제일 뿐이니까. 곤경 속에 살고, 허탕 치는 편이 차라리 낫다!” pp. 178–179

제임스의 ‘해결책’은 많은 심리학자들이 여전히 찬동하는 잠정적이며 실용적인 경험적 병행론을 선택하는 것이다. 제임스는 “가장 단순한 심리-신체 공식”과 “검증가능한 법칙에 만족하고, 단지 명료한 것을 추구하고 안전하지 못한 가설들을 피할 것을 추구하는 심리학의 결정적 언어”는 “의식 상태의 연속과 전체 뇌 과정의 연속과의 완전한 직접적 일대일 대응" p. 182이라고 말하였다. 현재로서는 경험과학의 영역을 벗어나지 않고 그 이상은 갈 수 없다고 주장한다.

5. 마음, 뇌 그리고 적응: 대뇌 기능의 국재화

19세기가 전개되면서 마음과 뇌의 관계 문제는 생리학자와 심리학자들이 대뇌 기능의 성격과 국재화에 초점을 두기 시작하면서 특히 중대해졌다. 널리 알려진 일반적인 방식에서 보면 기능적 국재화 개념은 고대부터 통용되어 왔다. 예컨대, 뇌와 전반적으로 연결된 '영혼'이란 개념은 피타고라스, 히포크라테스, 플라톤, 에리시스트라투스 및 갈레노스 등의 저술에서 찾아볼 수 있다. 중세의 심령 생리학자들은 정신능력이 뇌실의 체액에 위치한다고 생각했다. 하지만 동물의 영혼에 대한 믿음이 사라지면서 뇌실 가설도 사라졌으며, 1784년 프로차스카Jiri Prochaska가 『신경조직의 기능에 대하여De functionibus systematis nervosi』를 출판하였을 즈음에는 이미 관심은 뇌간과 대뇌로 이동하였다.

이들 초기의 견해에도 불구하고 본격적인 기능적 국재화에 대한 이론—특정 정신적 과정은 뇌의 특정 부위와 상관되어 있다는 생각—과 경험적 관찰을 사용하여 국재화를 확립하고자 하는 시도는 본질적으로 19세기의 업적이다. 이 목적을 향한 맨 처음의 중요한 단계는 골 Franz Josef Gall, 1758~1828, [그림 1-13] 참고의 노력에서 찾아볼 수 있다.

[그림 1-13] 골

골은 독일 남서부 바덴 태생으로 스트라스부르 대학과 빈 대학에서 의학을 공부하고, 1785년 빈 대학에서 학위를 취득하였다. 어릴 때 이미 친구들의 비범한 재능과 안면 및 두개 모양에 따른 중요한 차이 간의 두드러진 상관에 깊은 인상을 받은 골은 정신능력을 국재화하는 새로운 두개 검사 방법의 개발에 착수하였다. 두개골론cranioscopy에 대한 골의 대중강연은 1796년경부터 시작된다. 불행히도 그의 강연은 너무도 당연히 유물론이라 여겨지면서 즉각적인 반대를 야기하였고, 1805년 골은 빈을 강제로 떠나야 했다. 2년간의 여행 뒤, 골은 동료 스퍼르차임Johann Gaspar Spurzheim, 1776~1832과 동행하여 파리에 도착하였다. 그리고 1810년 골과 스퍼르차임은 『신경계의 해부 및 생리Anatomie et physiologie du systéme nerveux en général』의 첫 권을 출판한바, 이것은 뇌해부학에 대한 골의 가장 중요한 기여인 동시에 자신의 두개골론에 대한 최초의 주요 주장이 된다.

골의 국재화 방식의 핵심은 성격상의 차이를 외부 두개골 모양상의 차이와 상관 짓는 데 있었다. 이러한 접근법의 타당성은 중요한 세 가지 가정에 달려 있었다. 그것은 곧 두개골의 크기와 모양이 그 아래 있는 대뇌 부분의 크기와 형태를 반영한다는 것, 정신능력은 생득적이고 불변이라는 것, 그리고 생득적 능력의 상대적 발달 수준은 대뇌 기관의 타고난 크기를 반영한다는 것이다. 이 가정에 의존하면서, 특별히 잘 발달된 능력과 특별히 두드러진 두개골 영역 사이에서 관찰된 상관은 대뇌의 상관 부위에 해당하는 그 능력의 기능적 국재화 증거로서 해석될 수 있었다.

골의 상관적 방법이 점차 실험 선호로 폐기되고, 그의 불변적, 생득적 능력이란 개념은 정신 발달에 대한 역동적, 진화적 견해로 대체됨과 아울러 뇌와 두개골 형상 사이의 관계에 대한 그의 주요 가정이 부인되긴 하였지만, 기능적 국재화의 역사에서 그의 중요성을 과소평가한다면 그것은 심각한 잘못이 될 것이다. 골의 가정들이 잘못되었을 수도 있고 그의 추종자들이 그의 생각을 독단적 극단에까지 이르게는 했지만, 관찰 가능한 재능들을 관찰 가능한 뇌의 지표라고 여겨지는 것과 상관 지으려는 그의 시도가 갖는 과학적 논리와 엄밀한 경험주의에는 아무 잘못이 없었기 때문이다.

사실 곧 나타나게 될 생물학적 기반의 기능심리학의 기초를 놓은 사람이 바로 골이었다. 뇌기관의 형태를 통해 유전되는 일련의 생득적 정신 특성을 전제하면서 그는 콩디야크Etienne Bonnot de Condillac와 같은 감각주의자들이 갖고 있었던 극단적 '백지설tabula rasa'에서 멀어질 수 있었다. 감각론자들이 주장하는 뇌의 규범적이고 전적으로 지적인 능력 대신에 골은 주위 환경에 적응하는 일상 활동과 다양한 개체 및 종 간에 일상 활동의 측면에서 특징지어지는 능력들로 대체하려 하였다. 그는 기능의 분류와 그 기능들에 대응하는 적절한 해부학적 위치들 간의 분류에 관한 추측들을 객관적 관찰로 대체하였다.

골의 지속적인 반대자였던 플루랭스Marie-Jean-Pierre Flourens, 1794~1867조차 기능의 차이와 뇌의 차이라 여겨지는 것 사이의 상관관계에 대한 상세한 증거를 도입함으로써 '뇌가 마음의 기관 역할을 한다.'는 견해를 처음으로 수립한 사람은 바로 골인 것을 기꺼이 인정하려고 하였다. 그러나 다른 거의 모든 측면에서 플루랭스는 골에 대해 지극히 비판적이었다. 다소 신동 기질이 있었던 플루랭스는 불과 15세에 프랑스 남부의 명성 있는 몽펠리에 의과대학에 들어가서 20세가 되기도 전에 의학 학위를 받았다. 그리고 조금 뒤 골이 파리에서 전성기를 구가할 때 플루랭스도 파리로 거주를 옮겼다. 그는 1824년에 『신경계의 성질과 기능에 관한 실험적 연구Recherches expérimentales sur les propriétés et les fonctions du systéme nerveux』[그림 1-14]

LES PROPRIÉTÉS ET LES FONCTIONS

DU SYSTÈME NERVEUX,

DANS LES ANIMAUX VERTÉBRÉS;

PAR P. FLOURENS.

A PARIS,

CHEZ CREVOT, LIBRAIRE-ÉDITEUR

[그림 1-14] 『실험적 연구』에서 플루랭스는 뇌기능 국재화에 대한 최초의 실험을 보고하였다.

참고를 발표하면서 프랑스 과학원 회원으로 그리고 마침내 종신원장의 직에 선출되면서 프랑스에서 가장 영향력 있는 과학적 인사 중 한 사람이 되었다.

『실험적 연구』에서 플루랭스는 뇌기능 국재화에 대한 최초의 실험적 시연을 보여 주었다. 그 이전 연구자들이 관상톱 절개구멍을 내어 뇌를 다치게 했기 때문에 정확하게 손상 부위를 확인하거나 출혈 흔적을 찾는 것이 불가능했던 반면, 플루랭스는 제거되어야 할 뇌부위를 완벽하게 찾아서 잘라 내었다. 수술적 외상과 수술 후 장애를 최소화하려 신경 쓰면서, 그는 연수의 운동중추와 소뇌의 평형 및 운동협응을 국부적으로 제한하는 절제법을 사용하였다. 비록 『실험적 연구』의 제2판1842이 발표될 즈음 그의 감각작용에 대한 취급태도는 여전히 혼돈되어 있었지만, 플루랭스는 지각을 감각작용의 의미를 이해하는 것이라 보면서 감각작용과 지각작용을 분명히 구별하였으며 관련 피질하 조직 여러 부분에서 감각 기능 부위를 확인하였다.

하지만 대뇌에 관해서는 그 결과가 사뭇 달랐다. 대뇌반구의 점진적 편절successive slices은 단지 손상의 정도만 다를 뿐 손상의 위치와는 상관없이 모든 고등 정신기능—지각, 인지, 의지—에 광범위한 손상을 초래하였다. 적절한 조직이 남아 있는 경우 기능이 회복되었지만, 전적인 제거는 영구적 기능손실을 초래하였다. 이들 결과에서 플루랭스는 감각-운동 기능들이 피질하 영역에 구별되어 위치하고 있지만, 지각, 의지, 인지와 같은 고등 정신 기능은 대뇌 전반에 확산되어 있어서, 대뇌 전체가 어떤 통일된 방식으로 작동하는 하나의 기관으로 마치 이런 기능들을 위한 '지정석exclusive seat'과 같다고 결론을 내렸다.

하지만 불행히도 골1822/1825이 논평했듯이, 플루랭스의 방식은 "모든 기관을 단번에 망치고, 모두 약화시키고, 동시에 근절시키고 마는"영문판 VI, pp. 165-166 것이었다. 점진적 편절에 의한 절제법은 대뇌피질의 국재 확인을 위한 적절한 방법이 아니었다. 일원적 영혼과 분할되지 않는 마음에 대한 강한 철학적 신조와 하등 동물에 대한 연구결과를 인간에게 일반화하려는 무비판적 의향 때문에 플루랭스의 연구결과들은 플루랭스로 하여금 국재화를 위한 골의 노력을 공격하게 하였고, 또한 결국 훨씬 후에 래슐리Lashley, 1929의 전량활동mass action: 뇌 손상 양에 비례하여 행동 수행 기능이 결정됨 및 등가성equipotentiality: 뇌의 어떤 기능 영역 부분들의 능력은 동일함의 개념을 기대할 수 있게 한 대뇌피질 동질성 이론theory of cerebral homogeneity을 제창하게 하였다. 벨Charles Bell과 마장디Francois Magendie의 감각-운동 신경 구분을 척수뿌리에서 신경축에 이르기까지 확대하여 적용한 플루랭스지만 그것을 대뇌 반구에까지 적용하지는 않았다. 그의 관점에서 보면 대뇌는 일원적 마음을 위한 기관이었으며, 의미상으로는 그렇기 때문에 기능적으로 분화될 수 없었다.

대뇌피질이 감각-운동적 용어들로 이해되기 위해서는 지적 토대가 마련되고 기술적 도구들이 개발되어야 했다. 이 일을 위한 지적 선행요건으로 균형 잡힌 감각-운동적, 진화론적 연합주의와 뇌 질환에 대한 의미를 이해하는 대신 마음에 대한 고정적 능력이라는 접근을 버리는 것이 요구되었다. 기술적 선행요건으로는 대뇌피질 표면에 대한 전기적 실험을 위한 기술의 개발이 요구되었다.

요구되었던 지적 진보들은 바로 베인Alexander Bain과 스펜서Herbert Spencer의 심리학 및 브로카Pierre Paul Broca의 신경병리학에서의 발견들을 통해 가능해졌다. 전기자극의 발명 및 사용 등의 기술적 진보는 프리츠Gustav Fritsch와 히치히Eduard Hitzig에 의해 처음으로 이루어졌다.

베인1818~1903, [그림 1-15] 참고은 스코틀랜드 북해 연안 도시 애버딘에서 태어나서 교육을 받고 생을 마쳤다. 1840년 애버딘의 매리셜 칼리지에서 석사학위를 받은 그는 정신 및 도덕철학 교수가 되었다. 1860년 새로 설립된 애버딘 대학

[그림 1-15] 베인

의 논리학 학과장으로 선출되고 거기서 은퇴할 때까지 재직했다. 이때 베인은 거의 읽히진 않았지만 흥미 있는 골상학 비판서 『성격의 연구: 골상학에 대한 평가를 포함하여On the Study of Character: Including an Estimate of Phrenology』1861와 마음/신체 이론에 대한 가치 있는 연구서 『마음과 신체: 그 관계에 대한 이론들Mind and Body: The Theories of Their Relation』1873을 저술하였다. 하지만 감각-운동 기능의 대뇌피질 국재화에 대한 최초의 구체적 시연을 가능하게 했던 지적 바탕을 마련한 근원은 바로 그의 일반 심리학이다. 이러한 기여점은 바로 감각-운동 연합주의인바, 『감각과 지성The Senses and the Intellect』 및 『정서와 의지The Emotions and the Will』에서 시도되었으며, 처음에는 각각 1855년과 1859년에 출판되었다가 1894/1899년을 거치면서 네 번 개정되었다.

베인의 연구는 연합심리학의 역사에서 하나의 전환점이 되었다. 베인 이전의 연합주의 심리학자들이 가진 지식의 일차적 혹은 유일한 원천으로서의 경험에 대한 강조는 감각작용을 분석하기 위해 운동 및 행위를 소홀케 하였다. 브라운Thomas Brown의 경우처럼 동작이 연합주의자들의 설명 속에 분명히 포함되었을 때조차 주의를 끈 것은 적응적 행동이 아닌 감각적 측면의 운동, 즉 '근육 감각' 이었다. 뮐러Johannes Müller에게서 많은 것을 인용한 베인은 마음에 대한 연합주의적 설명에다 새로운 운동생리학을 접목시켰다. 영Young, 1970은 베인의 견해를 다음과 같이 요약하였다.

"행위는 감각작용의 그 어느 것보다 더 친밀하고 불가분의 속성으로 사실상 모든 감각의 요소로 개입하여 감각에 복합물의 특성을 부여한다…." Bain, 1868, p. 59 "… 자발적 운동은 감각작용에 앞선 그리고 그에 독립된 신경계 활동의 특성이다. 자발적 운동과 그에 수반된 쾌락 · 고통과의 후천적 결합 때문에 유기체는 교육되어 이전에는 제멋대로이던 동작이 … 결과나 목적에 적응된다. 베인은 의지작용volition을 바로 이와 같은 자발적 운동과 정서의 복합물로 정의한다. 운동 충동들을 정해진 유목적적 동작에 조정시키게 됨은 아이디어와 그 동작들과의 연합 때문이다." p. 115

연합심리학 내에서 이러한 생각들은 혁명적인 것이었

다. 스펜서의 진화론적 개념과 함께 이러한 아이디어들은 적응 행동에 대한 이후의 기능주의 심리학을 위한 길을 닦았으며, 곧 보게 되겠지만 그런 생각들은 고등 정신 기능들의 생리학적 기초를 설명하는 감각-운동론적 접근을 위한 지적 맥락을 제공하였다. 하지만 아이러니하게도 이는 베인 스스로 완전히 취할 수 없는 진전이었다. 그 이전의 사람들과 마찬가지로, 찌르거나 잘랐을 때 대뇌피질이 보이는 무감각을 의식한 베인은 "대뇌 반구들과 그 아래 위치하는 전체 신경절 및 중추들 사이"pp. 53-54에 전통적인 구분선을 뚜렷하게 그었다. 대뇌의 기능이 무엇이든, 베인에게 있어 그것이 감각-운동적인 것일 수는 없다는 것이 분명하였다.

베인이 『감각과 지성』을 출간한 같은 해인 1855년에 영국에서는 또 다른 더 혁명적인 책이 출간되었다. 스펜서 1820~1903, [그림 1-16] 참고의 『심리학 원리Principles of Psychology』가 뇌 연구자들에게 진화론적 연합주의와 그와 관련된 대뇌 국재화 개념을 제공하였는데, 이는 잭슨John Hughlings Jackson의 저작에는 물론 페리에David Ferrier의 저작에도 자

[그림 1-16] 스펜서

극과 영향을 주었다.

스펜서는 영국 더비 태생으로 거의 독학한 사람이었다. 그는 17세에 철도 공사 일을 택했지만 1848년 그 일을 그만두고 처음에는 편집인으로 그리고 나중엔 자유기고가 및 평론가로서 일했다. 그의 자서전1904에서 스펜서는 11, 12세 때 스퍼르차임의 강의를 들었는데 그것 때문에 수년 동안 자신이 골상학 신봉자가 되었다고 진술하고 있다. 사실 1846년 골상학에 대한 회의가 점점 더 커져 그 기획을 그만두기 전까지 스펜서는 좀 더 신뢰할 수 있는

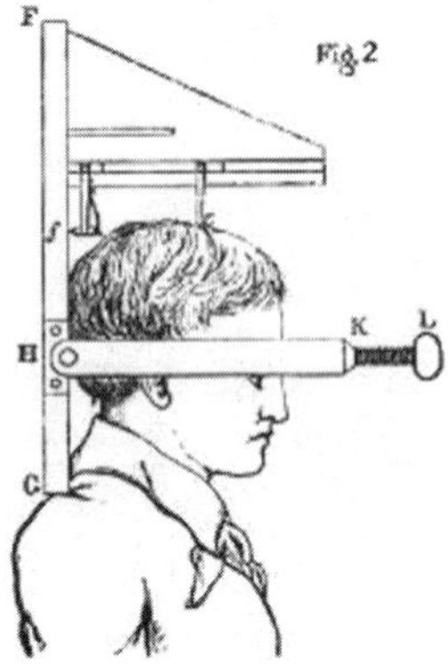

[그림 1-17] 스펜서에 의해 좀 더 신뢰할 수 있는 두개측정을 할 요량으로 고안된 두개측정기

두개측정을 할 요량으로 두개측정기[그림 1-17] 참고를 고안하기도 했었다.

1850년 루이스와 돈독해진 우정의 결과로 스펜서는 루이스의 『철학전기』1845/1846를 읽기 시작하였다. 얼마 가지 않아 그는 심리학을 소개하는 형태로 심리학에 더 기여하기로 결정하였다. 즉, 1855년 스펜서의 『심리학 원리』가 출간되었다. 그것은 복잡하고 어려운 책으로서 입문서로 보기 어려우며, 베인의 『감각과 지성』과 같이 심리학의 역사에서 하나의 전환점을 이룬 책이다. 베인이 운동을 연합주의의 감각작용에 굳게 연결 지으면서 최초의 균형 잡힌 감각-운동 연합설에 도달하였다고 한다면, 스펜서는 훨씬 더 나아가 심리학을 진화론적 생물학에 기반을 두었다.

특히, 스펜서는 세 가지 기본적인 진화론적 원리를 강조하면서 자신의 마음과 신체에 대한 견해를 바꾸었는데 그것의 단순한 논리적 귀결이 곧 대뇌피질 기능 국재화였다. 그렇게 함으로써 스펜서는 잭슨의 신경계에 대한 진화론적 개념과 대뇌에 대한 감각-운동 조직관련 가설 확장을 위한 기초를 마련했다. 스펜서의 주요 원리들은 바로 적응, 계속성, 발달이었다.

골과 마찬가지로 스펜서는 심리학을 일종의 '적응에 관한 생물학'으로 보았다. "생명에 대한 우리의 일반적 생각을 구성하는 모든 신체적 및 정신적 활동과 … 그로 말미암아 유기체가 그 활동에 일반적으로 적합해지는 되는 그런 성장과정들" p. 375은 단지 "내적 관계에서 외적 관계로의 지속적 적응" p. 374일 따름이다. 예컨대, 내적 관계

만의 연합도 외적 사건의 관계만도 아닌, 내적 관계가 외적 관계에 점차 적응하는 것이 심리학의 핵심이다. 사실 스펜서에게 있어서 정신 현상들은 적응과정, 즉 "유기체와 환경 간 교섭correspondence의 사례들" p. 584로 정의된다.

'적응'과 함께 '계속성'과 '발달' 또한 스펜서에게는 중요한 개념이었다. 발달은 동질성에서 이질성으로, 상대적 통일성 및 비분리성에서 분화 및 복잡성으로의 변화를 말한다. 계속성 원리에 따르면 생명체와 그 환경은 모든 복잡성과 교섭 수준들을 갖고 존재한다. 생명체 수준은 교섭의 정도에 따라 끊임없이 다양하며, 어떤 갑작스런 경계가 한 수준을 다음 수준에서 분리시키지 않는다. 그래서 정신적 및 신체적 생활은 단순히 생활 일반의 종種일 뿐이며, 우리가 마음이라 부르는 것은 신체적 생활에서—자극에서 반사, 복합반사에서 본능, 본능에서 의식적 생활 및 고등 정신과정들로—계속 진화하는 것으로, 이 과정의 복잡성이 매우 다양하다.

이 진화론적 개념들의 대뇌피질 기능 국재화 가설을 위한 함의는 분명하다. 뇌는 우리가 알고 있는 가장 고도로 발달된 신체적 체계이며 그중에서도 대뇌피질은 뇌의 가장 발달된 수준이다. 그러므로 대뇌피질은 이질적이며, 분화되고, 복잡한 것이 당연하다. 더구나 피질이라는 것이 피질하부 구조들에 이어져 발달되어 온 것이라고 한다면, 피질하부 영역을 통제하는 감각–운동 원리들이 피질에서도 유지되는 것이 당연하다. 마지막으로 고등 정신과정들이 단순자극에 이은 반사 및 본능을 거치는 연속적 발달과정의 최종산물이라면, 마음과 신체 사이에 뚜렷한 구분을 짓는 것은 정당화될 수 없다. 그러므로 두 세기 동안이나 대뇌는 고등 정신과정의 담당자로 기능하기 때문에 대뇌하부 신경 기능에 대한 설명과는 완전히 다른 원리들에 따라 기능함이 틀림없다는 생각을 지지해 온 마음/신체 이분법은 폐기되어야 했다.

이러한 생각들은 잭슨이 좀 더 충분히 연구하였지만, 이미 1855년에 스펜서는 대뇌 국재화에 대한 계속성과 발달의 개념이 갖는 함의를 잘 알고 있었던 것이 분명하다. 『심리학 원리』에서 스펜서는 다음과 같이 썼다. "이 문제를 자기 학문의 일반적 진리와 연결 지어 침착하게 생각하는 생리학자라면 그 누구도 더 이상 대뇌의 상이한 부분들이 서로 상이한 종류의 정신 활동을 돕는다는 확신을 거부할 수 없다. 기능 국재화는 어떠한 종류든 전체 조직체의 법칙이다. … 모든 신경섬유 다발과 모든 신경절에게는 특별한 임무가 있다. … 그럼에도 이 중요한 대뇌 차원 신경절에서만 이 임무 특수화가 예외여야 한다고 할 수 있을까?" pp. 607-608

베인의 감각-운동 연합주의와 스펜서의 진화론적 심리생리학에 의해 준비된 근거로 말미암아 감각-운동설의 대뇌피질에로의 확대에 남은 마지막 장애물을 극복하기 위해 요구되는 것이 있다면 그것은 바로 놀라운 연구결과들과 새로운 실험기술들이 제공한 추동력이었다. 1861년과 1876년 사이 우선 브로카와 프리츠 및 히치히가 맨 처음으로 중요 연구결과와 기술들을 제공하였으며, 스펜서와 베인에 크게 영향을 받은 잭슨이 감각-운동 패러다임의 대뇌피질에의 확대 적용을, 그리고 베인과 잭슨에 영향을 받은 페리에가 피질부 국재화에 대한 고전적 독트린에 관한 놀라운 실험적 성과를 거두었다.

[그림 1-18] 브로카

브로카1824~1880, [그림 1-18] 참고는 프랑스 남서부 도르도뉴의 생트 포이 라 그랑드란 마을에서 태어나 파리 대학 부속병원에서 의학을 공부하였다. 형질인류학에 대한 평생의 관심 때문에 프랑스 인류학회의 창립 멤버 중 한 사람인 동시에 파리 대학 인류학과의 『인류학잡지 Revue d'anthropologie』 창간자가 되었다. 1861년 4월 4일 프랑스 인류학회 모임에서 오베르탱Ernest Aubertin이 정교한 언어 구사의 대뇌 국재화에 대한 두개학적 사실을 주장하기 위해 여러 가지 놀라운 사례연구를 인용하는 논문을 발표할 때 브로카도 청중의 한 사람이었다.

오베르탱은 파리 과학계의 거물인 부요Jean Baptiste Bouillaud의 제자이자 사위였는데, 부요 또한 골의 제자로서 프랑스 골상학회 창립 멤버였다. 일찍이 1825년 부요는 정교한 언어구사 능력이 전두엽에 자리 잡고 있다는 골의 견해를 뒷받침하는 임상적 증거를 보여 주는 논문을 발표하였다. 그리고 근 40년에 걸쳐 상당한 반대에 부딪히면서도 대뇌 국재화 가설을 살리는 데 성공하였다. 그러므로 전두엽 손상 없이 어떤 한 건의 언어상실 사례라도 일어난다면 대뇌 국재화에 대한 믿음을 오베르탱이 포기하겠다고 약속했을 때 그는 단지 자신의 장인의 생각을 답습하고 있었을 뿐이었다.

브로카는 호기심 때문에 오베르탱이 하려고 했던 일을 해 보기로 마음먹었다. 일주일도 못 가서 르보르느일명 '탠'라는 실어증의 반신불수 환자가 브로카의 수술 병동에서 괴저병으로 죽었다. 1861년 『파리해부학회공보』에 발표된 『언어상실에 대한 관찰로 본 정교한 언어구사 능력의 위치에 대한 연구Remarques sur le siége de la faculté du language articulé, suivies d'une observation d'apheme』에서 브로카는 탠의 뇌에 대한 상세한 부검 결과를 발표하였다. 그가 발견한 것은 물론 좌측 전두엽에 있는 가벼운 손상이었으며, 이 사실은 몇 주 후에 부검 결과 유사한 손상이 발견된 또 다른 사례로 다시 한 번 확증되었다.

구화 언어구사 능력이라는 개념도, 또 뇌 전두부에 그 기능이 국재화되어 있다는 생각도 1861년경엔 전혀 새로운 것이 아니었지만, 브로카의 연구는 국재화 가설에 대한 논쟁을 촉발시켰다. 브로카의 설명 내용, 즉 그가 국재화의 지지 자료로서 사후 사례를 이용하기보다는 환자의 언어상실에 대한 증거를 구체적으로 찾으려 하였다는 사실, 두개학적 방법보다 병리학적 방법을 사용한 점, 대뇌반구들의 뇌 표면의 회랑 분포를 강조한 것, 그리고 무엇보다 중요한 점은 그러한 사실들을 보여 줄 수 있을 정도로 시기가 무르익었다는 사실, 이 모든 것들이 브로카의 발견으로 야기된 즉각적 흥분 상황에 일조했다. 이제 필요한 것은 대뇌반구 표면을 실험적으로 탐색해 볼 기술도구였는데, 이 도구를 위해 프리츠1838~1927와 히치히

1838~1907의 공동노력이 이루어졌다.

1870년 『해부학, 생리학, 학술의학 잡지Archiv für Anatomie, Physiologie, und wissenschaftliche Medicin』에서 프리츠와 히치히는 대뇌피질 기능 국재화에 대한 최초의 실험적 증거를 제시하였을 뿐만 아니라 대뇌반구들이 자극에 무반응이라는 이유로 이루어진 국재화에 대한 오래된 반대를 단번에 일소해 버렸다. 개의 대뇌에 전기자극을 사용하여 프리츠와 히치히는 대뇌피질의 외접영역들이 반대쪽 다리 운동에 관여하고 있으며, 또한 이들 동일 영역의 제거는 다리의 약화를 초래한다는 단정적 증거를 제시하였다. 이들의 연구결과와 더불어 전기생리학이 대뇌 기능의 국재화를 실험적으로 탐색하는 데 선호되는 방법으로 자리 잡게 되었고, 운동 기능에 대뇌반구가 관여한다는 사실을 알 수 있게 되었다.

영국에서는 거의 같은 시기에 잭슨1835~1911, [그림 1-19] 참고이 또 다른 방향에서 대뇌반구 기능에 관한 감각-운동설에 동의하고 있었다. 잭슨은 영국 요크셔 주 그린 해머턴 구의 프로비던스 그린에서 태어났다. 그는 요크셔에서 견

[그림 1-19] 잭슨

습의로서 의학 공부를 시작하여 런던의 성 바르톨로뮤 병원 부설 의대와 스코틀랜드 성 앤드류스 대학에서 교육을 마쳤다. 그는 여러 병원에서 일했는데, 그중 가장 중요했던 시기는 퀸 스퀘어에 있는 국립 마비 및 나병환자 병원에서 내과의로 있을 때로 보인다. 그의 신경학 및 심리학에 대한 기여는 1861년과 1909년 사이 여러 학술지에 발표된 논문들을 통해 살펴볼 수 있다. 기타 다수의 좀 더 중요한 논문들은 테일러James Taylor에 의해 편집된 두 권의 『잭슨선집Selected Writings of John Hughlings Jackson』1931/1932

에 실린 바 있다.

실어증, 무도증, 간질, 어지럼증 등 여러 신경 장애의 원인, 경과, 치료에 대한 이해에 바친 잭슨의 특별한 기여도 극히 중요하지만, 심리학에 가장 영향을 미쳤던 것은 바로 대뇌 감각-운동 기능 국재화에 대한 그의 진화론적 생각이었다. 이러한 생각은 물론 스펜서의 영향을 받은 것이었다. 영1970은 다음과 같이 진술하고 있다. "스펜서의 계속성 및 진화의 원리를 통해 잭슨은 경험, 사고, 행동의 근간을 이루는 생리적 및 심리적 요소를 설명할 수 있는 하나의 일관성 있는 변수들감각과 운동을 마련하였다. 모든 복잡한 정신 현상들은—단순 반사행동에서 가장 숭고한 사고와 정서에 이르기까지—단순 요소들로 이루어진다. 모든 기능과 능력들이 이들 용어로 설명될 수 있다." p. 199

1873년 『란셋Lancet』 지에 시리즈로 실린 잭슨의 논문 『운동의 해부학적 및 생리학적 뇌 국재화에 관하여On the anatomical & physiological localization of movements in the brain』는 감각-운동 개념을 반영한 이 시기 논문들의 대표격이다.

1873년 논문을 재인쇄한 1875년의 소책자 『신경계에 대한 임상 및 생리학적 연구Clinical and Physiological Researches on the Nervous System』의 흥미롭고 뜻깊은 서문에서 잭슨은 자신의 위치를 거의 앞세우려는 듯 그 가설의 배경을 자신의 연구에서 발전된 것처럼 진술하고 있다. 늘 그렇듯 자신의 문구를 인용하기를 좋아하는 잭슨은 1870년의 논문 『경기에 대한 연구The study of convulsions』에서 각주 하나를 다시 옮겨 쓰고 있는데, 거기서 다음과 같이 자신의 견해를 요약하고 있다.

"어떤 사람은 대뇌가 마음의 기관이지 동작 기관이 아니라고 주장한다. 또 어떤 이는 대뇌는 도구 사용자에 그리고 운동중추는 도구에—전자는 아이디어에 그리고 후자는 운동에—비유된다고 생각한다. 그렇다면 다음과 같은 의문이 제기될 수 있다. 어떻게 '정신' 기관의 부분에서 '운동' 증상만을 방출할 수 있는가? … 우리는 대뇌반구가 운동 트랙과는 '근본적으로' 상이한 계획에 따라 만들어진 것이라고 믿어야 하는가? … 확실히 다음과 같은 결론을 내릴 수밖에 없는데, 그것은 '정신' 증상이 … 모

두 감각-운동 과정이 결여되었거나 잘못 발달되었기 때문이다." p. xi-xii

그래서 1870년대 초반까지 잭슨은 신경계의 기능적 조직에 대한 일반 개념을 깨끗이 정리하였다. 영1970에 따르면, 이것이 "연합 심리학과 감각-운동 생리학의 최종적 통합 단계를 이루었으며 … 통일된 견해를 방해했던 연구, 즉 브로카의 능력에 대한 상세 설명과 마음의 기관—최고의 중추—을 일관성 있게 생리학적 용어로 취급하지 않으려는 플루랭스, 마장디, 뮐러 등의 저항에 대한 분명한 거부를 의미하였다." p. 206 잭슨의 연구에서 대뇌 국재화의 이론적 분석은 19세기의 발달의 최고 수준을 보여 준 것이었다. 그의 친구이자 동료인 페리에, 1843~1928, [그림 1-20] 참고의 체계적이고 실험적인 연구에서 그의 분석은 놀랍게도 확증되었다.

페리에[그림 1-20] 참고는 스코틀랜드 애버딘에 태어나서 교육받았으며 베인 밑에서 수학하였다. 그는 베인의 권유로 심리학을 공부하기 위해 1864년 하이델베르크로 떠났다. 그 당시 하이델베르크는 헬름홀츠Hermann Ludwig

[그림 1-20] 페리에

Ferdinand von Helmholtz와 분트Wilhelm Wundt의 소재지였다. 사실 분트는 당시 자신의 생리학적 심리학에 대한 최초의 기본적 주장이 포함된 『감각지각론에 대한 공헌Beiträge zur Theorie der Sinneswahrnehmung』1862을 막 끝낸 상태였기 때문에 페리에도 분트의 견해에 접했음이 틀림없다.

하이델베르크에서 돌아온 페리에는 에든버러 대학에서 의학교육을 마치고 잠시 동안 레이콕Thomas Laycock의 보조의사로 일했는데, 레이콕은 최초로 '무의식적 대뇌작용' 개념을 이론화한 사람이었다최초의 주장에 대해서는 Laycock,

1860 참고. 여타 병원에도 취업했지만, 페리에는 잭슨과 마찬가지로 퀸 스퀘어 국립병원의 내과의사로 봉직했다. 잭슨이 베인과 스펜서에 영향을 받았듯이, 페리에는 감각-운동 기능들이 대뇌피질에 잘 조직된 형태로 표상됨이 틀림없다는 잭슨의 생각을 검증하고 개의 운동피질 국재화에 대한 프리츠와 히치히의 실험을 확대하려 하였다. 대뇌 부위에 대해 매우 신중하게 통제된 절제술 및 프리츠와 히치히가 사용하였던 전기자극 기술보다 한 단계 더 진보된 전기감응 자극을 이용하면서 페리에는 다양한 종의 동물에 걸쳐서 감각 및 운동 영역의 지도를 만드는 데 성공하였다[그림 1-21] 참고. 그의 최초 논문 『대뇌 생리학 및 병리학에서의 실험적 연구Experimental researches in cerebral physiology and pathology』는 1873년 『웨스트 라이딩 정신병원 의학논총West Riding Lunatic Asylum Medical Reports』에 발표되었지만, 감각-운동 분석을 생리학과 심리학 양쪽의 지배적 설명 패러다임으로 확립하는 데 기여한 것은 1876년에 『대뇌의 기능The Functions of the Brain』에 종합 발표된 누적된 종간적cross-species 연구의 영향이었다.

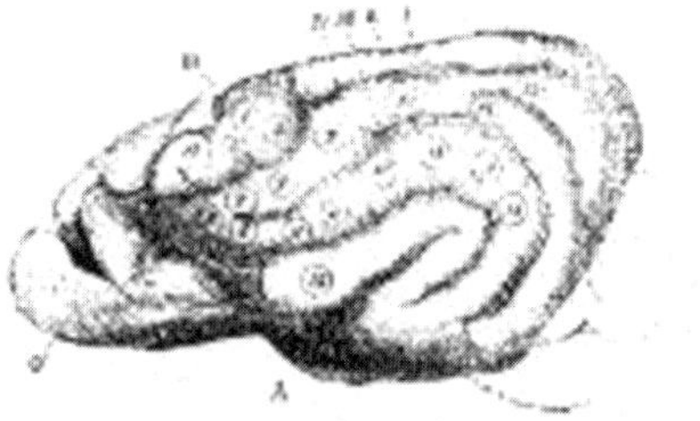

[그림 1-21] 개의 대뇌 기능 국재화, 페리에의 『대뇌의 기능The Functions of the Brain』

6. 최면 상태와 외상성 장애: 기능성 신경장애와 잠재의식적 마음

메스메르Franz Anton Mesmer, 1734~1815, [그림 1-22] 참고는 독일 스바비아지금의 바덴-뷔르템베르크 주의 이즈낭에서 태어났다. 32세에 '인간의 질병에 대한 혹성의 영향'이란 주제의 논문으로 빈 대학에서의 의학교육을 마쳤다. 1773년 27세의 환자 외스터린 양이 재발성 질병을 앓으면서 메스메르에게 왔다. 그의 학위논문의 관점에 기초하여, 메스메르는 외스터린 양의 증상 발현의 주기를 조

[그림 1-22] 메스메르

류변동과 연관지으려 하였으며, 그러는 가운데 환자에게 인위적 조수효과를 야기할 수 있는지를 시험해 보기로 마음먹었다.

1774년 7월 28일 메스메르는 그 환자에게 철이 포함된 용액을 들이키게 하고 복부와 다리에 자석을 부착하였다. 이 실험 결과로 메스메르의 인생행로는 바뀌게 되었다. 외스터린 양이 이 신비의 용액이 몸을 타고 내려가는 것을 느낌과 동시에 그녀의 증상들이 사라지기 시작하였던 것이다. 계속된 치료로 그녀는 완쾌되었고 메스메르의 명성은 퍼져 나가기 시작하였다. 하지만 불행히도 이 방식의 효과에 대한 논란도 함께 커지면서, 1777년 무언가 의심스런 분위기 속에 메스메르는 빈을 떠나 파리로 갔다. 거기서 그는 최면치료라는 돈 되는 장사를 하게 되었고 『동물 자기력 발견에 대한 논문Mémoire sur la découverte du magnétisme animal』을 완성하였다. 중력에 대한 물리학 이론과 프랭클린Benjamin Franklin 등의 전기 연구에 영향을 받은 메스메르는 최면 치료에 대해 그 시대로서는 그럴 듯한 설명 원리를 개발하였다.

인간의 신체를 포함한 우주의 모든 요소를 상호 연결하는 물리적인 자성적 유체magnetic fluid의 존재를 가정하면서, 메스메르는 질병이란 몸속 이 유체의 불균형 상태에서 유래한다고 주장하였다. 치료를 위해서는 의사의 개입을 통한 이 유체의 재조정이 필요하며 의사는 동물 자기력이 전 우주에서 의사의 손[그림 1-23] 참고이라는 '자성 통로'를 매개로 환자의 몸으로 전달되게 하는 일종의 도관 구실을 한다는 것이다. 치료의 과정에서 환자들은 전기충격과 같은 자기적 '위기'를 경험하게 되는데, 거

[그림 1-23] 메스메르1779의 견해에 따르면 치료는 의사의 손이라는 '자성 통로'에 의한 것이었다.

기서 회복될 때 치료가 된다는 것이다. 전기 이론을 모방하여 메스메르는 자성 유체를 양극적이고, 전도 가능하며, 방전 및 충전 가능한 것으로 생각하였다. 사실 타고난 사업가였던 그는 라이덴 병瓶과 같은 방식으로 자성체를 모으는 바케baquet라는 기구도 개발하였다. 이 바케로 그는 한 번에 20명의 환자를 치료할 수 있었으며, 이때 각 환자는 쇠막대와의 접촉을 통해 자성 유체와 연결되었다.

메스메르의 추락은 그 성공만큼이나 순간적이었다. 1785년경 여러 번의 큰 치료 실패가 있었고, 메스메르적 자성유체의 존재를 지지하는 증거가 부적절하다는 결론을 내린 『동물 자기력에 대한 왕립조사위원회 보고서Rapport des commissaires chargés par le Roy de l'éexamen du magnétisme anima』 Bailly, 1784의 발표가 있은 후, 메스메르는 비난 속에 파리를 떠나 비교적 알려지지 않은 채 여생을 살다가 1815년 출생지 부근에서 죽었다.

메스메르라는 한 인간은 대중의 시야에서 사라졌지만, 그의 사상은 그렇지 않았다. 메스메르의 제자 중 가장 주목할 만한 인물은 퓨이세이그Armand-Marie-Jacques de Chastenet, Marques de Puységur, 1751~1825인데, 돈 많은 귀족이자 자산가로 메스메르가 쇠락하기 전부터 자성 치료를 실험하기 시작하였다. 근대적 심리치료의 창립자라 당당히 불릴 사람이 있다면 그는 바로 퓨이세이그다. 프랑스 북부 스와송 부근의 가족 보유지에 있던 라세Victor Race라는 농부를 데리고 실험을 하면서[그림 1-24] 참고, 퓨이세이그는

[그림 1-24] 퓨이세이그와 뷔장 시의 '자성화된' 느릅나무. 퓨이세이그에 기대어 몽유병 상태에 떨어지고 있는 것으로 보이는 환자는 라세다. 퓨이세이그의 『동물 자기력의 역사와 확립에의 적용 논문』 제3판1820에서.

'완벽한 위기' 상태를 발견하게 되었는데, 이 상태는 몽유병 상태로 환자는 최면가의 주문을 이행하였으면서도 깨어났을 때는 그렇게 한 데 대한 어떠한 기억도 보여 주지 못하였다. 즉, 평상시에는 지주에게 감히 개인적인 문제를 털어놓지 못하던 그 농부가 최면적 수면상태magnetic sleep에서 자기 누이와의 다툼 때문에 마음이 혼란스럽다는 고백을 하게 되고, 퓨이세이그는 다툼 해결을 위한 행동을 하라고 그에게 암시를 주었다. 그런데 깨어난 농부는 퓨이세이그의 암시에 대한 기억은 없음에도 불구하고 암시한 대로 행동했다.

이러한 경험에 미루어 볼 때 퓨이세이그는 점차 최면 효과는 최면 치료자의 치료 효과에 대한 개인적 믿음, 치료하려는 의지, 환자와의 친밀도 정도에 달려 있다는 인식에 도달하게 되었다. 1784년 퓨이세이그는 『동물 자기력의 역사와 확립에의 적용 논문Mémoires pour servir a l' histoire et a l' éstablissement du magnétisme animal』에 이 생각을 담았는데, 이 책은 근대 심리치료의 기원으로 간주할 수 있을 만한 책이다. 일찍이 1784년, 즉 심리치료 기술의 개시기에 치료 효과에 대한 믿음, 치료하려는 욕망, 환자와 치료자 간 관계의 성격이 심리치료의 성공을 위한 기본 요인들이라는 사실을 깨달았다는 것은 일시적 관심 이상이기 때문이다.

퓨이세이그에 의해 개발된 기술메스메르의 부가적인 설명이 첨부됨과 더불어 최면술은 급속히 퍼져 나갔다. 미국의 경우 그것은 포양Charles Poyen de Saint Sauveur에 의해 프랑스에서 도입되었으며 잠시 동안 골상학과 결합되었다가 다시 심령과학과 좀 더 오랫동안 결합되었는데, 결국엔 신사상운동New Thought movement으로 귀결되면서 제임스에게도 영향을 미치게 되었다.

유럽에서 최면술은 파리아José Custodio de Faria, 누아제François Joseph Noizet, 펠릭스Étienne Félix, 퀴비에E. F. Hénin de Cuvillers 남작, 베르트랑Alexandre Bertrand과 같은 많은 주요 인물의 손에서 계속 발전하였다. 파리아는 그의 『깨어 있는 잠의 원인에 대하여De la cause du sommeil lucide』1819에서 근대적 몽환유도trance induction, 일명 '시선집중' 방법을 개발하고, 치료자 의지보다 환자 의지의 중요성을 강조하였으며, 몽유병적 상태에서 민감성의 개인차 존재를 인정하고, 처음으로 암시의 원리를 정리하였는데, 이 원리는 최면 상태에서뿐만 아니라 각성 상태에서도 적용될 수 있다고 믿었다. 1820년 누아제는 베를린 왕립학회에 제출하였지만 1854년에야 출간된 『몽유병에 대한 논문Mémoire sur le somnambulisme』에서 그리고 퀴비에는 『전문 최면술론Le magnétisme éclairé』에서 암시와 믿음의 용어를 사용하여 최면 효과에 대한 좀 더 본격적인 설명을 제시하였다. 하지만 최면 현상에 대한 최초의 체계적인 과학적 연구는 베르트랑의 『몽유병론Traité du somnambulisme』 1823이었다.

1843년은 최면 효과가 개념화된 방식에서 중요한 전환점이 되는 해였다. 그해에 브레이드James Braid, 1795경~1860가 『신경최면학, 혹은 동물 자기력과의 관계에서 고찰된 신경수면의 이론적 해석Neurypnology; or, the Rationale of Nervous Sleep, Considered in Relation with Animal Magnetism』을 발표하였기 때문이다. 1795년경에 스코틀랜드 파이프셔에서 태어나 에든버러 대학에서 수학한 브레이드는 생애 초기에 맨체스터로 가서 살았다. 거기서 그는 자신이 쓴 『신경최면학』에서 밝히고 있듯이 스위스 최면술가 라퐁텐Charles Lafontaine의 무대 시범회에 참석함으로써 최면술에 의해 유도된 물리적 현상의 실제를 확신하게 되었다. 수일간의 개인적 실험 후 브레이드는 이들 물리적 효과가 "집중으로 넋을 잃게 된 주의력에 의해 유도된 신경계의 특별한 조건 … "p. 94으로 야기된 것이지, 시술자의 몸에서 환자의 몸으로 흘러 들어가는 특정 개인의 매개를 통한 것

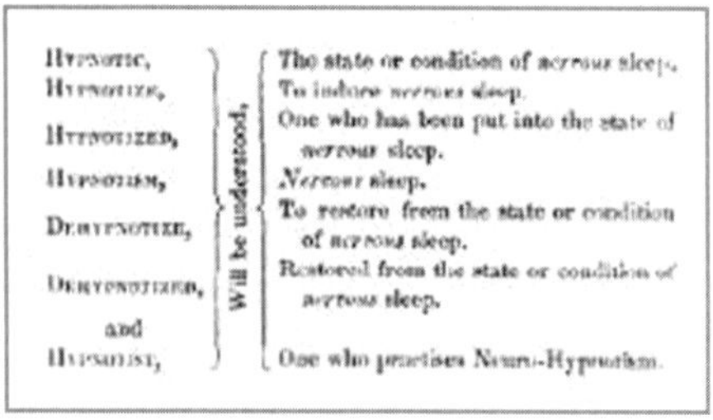
Hypnotic,	Will be understood,	The state or condition of nervous sleep.
Hypnotize,		To induce nervous sleep.
Hypnotized,		One who has been put into the state of nervous sleep.
Hypnotism,		Nervous sleep.
Dehypnotize,		To restore from the state or condition of nervous sleep.
Dehypnotized,		Restored from the state or condition of nervous sleep.
and Hypnotist,		One who practises Neuro-Hypnotism.

[그림 1-25] 자신의 견해를 다른 최면술 이론과 구분하기 위해 브레이드는 신경적 수면을 지칭하는 새 어휘를 사용하였다. 브레이드의 『신경최면학』에서.

이 아니라는 결론에 이르게 되었다. 자신의 설명을 최면술의 견해와 확연히 구별짓기 위해 그는 신경적 수면 상태를 '최면 상태hypnotism'라 불렀으며[그림 1-25] 참고, 최면가들의 '자성 통로' 대신에 파리아의 낡은 유도법의 변종의 하나로서 반짝이는 물체에 대한 시선고정으로 대체하였다.

브레이드가 최면 현상을 대뇌 생리학과 연결 짓고, 좀 더 직접적이고 덜 신비적인 유도기법을 개발하고, 기성 의학 및 과학계에 좀 더 수용 가능한 용어를 도입함으로써 결국 정신병학의 연구에 최면술을 사용하는 길을 열어

놓게 되었다. 하지만 그 효과가 즉각 나타나지 못한 것은 1848년과 1875년 사이에 최면술적 치료가 한편으로는 점차 영매주의 심령과학mediumistic spiri tualism에, 다른 한편으로는 무대 시범회에 빠져 있었다는 사실에 비추어 보면 별로 놀라운 일이 아니다. 사실 1860년 브레이드가 죽었을 즈음엔 엘런버거Ellenberger, 1970가 지적하듯이, "자기요법과 최면술이 대단히 평판이 나빠져서 이들 방법을 사용하는 의사는 누구든 돌이킬 수 없이 그 과학적 명성에 손상을 입고 의료계를 떠나야 했었다." p. 85

하지만 이러한 여론 분위기 속에서도 치료적으로 최면술을 계속 사용하는 사람들이 소수 있었다. 그중 한 사람이 바로 낭시 지역의 목가적인 프랑스 마을 퐁-생-뱅상의 의사 리에보Auguste Ambroise Liébeault, 1823~1904였다. 1866년 리에보는 『마음의 신체에 대한 영향의 관점에서 본 수면 및 그 유사 상태들에 대하여Du sommeil et les états analogues, considéré surtout du point de vue de l'action du moral sur le physique』를 출간하였다. 이 책에서 리에보는 잠이라는 생각에 대한 주의집중은 암시의 힘을 통해 최면 상태를 유도하며 또 최면의 치료 효과는 결국 암시에 의한 효과라고 주장하였다. 어느 이야기도 리에보 자신의 이야기가 아니고 누아제의 『몽유병 및 동물 자기력에 대한 논문Mémoire sur le somnambulisme et le magnétisme animal』1854에서 따온 것이긴 하지만, 그러한 이야기들이 베른하임Hippolyte Bernheim의 주의를 사로잡게 되고 잠시 뒤 살펴볼 낭시의 암시치료파의 주요 원리가 된 것은 바로 리에보를 통해서였다.

하지만 최면유도법이 기능적 신경 장애 연구를 위한 도구가 될 수 있기 위해서는 먼저 그것이 치부되던 의사擬似과학 영역으로부터 벗어날 필요가 있었다. 그 탈출의 공로는 일반적으로 프랑스의 젊은 생리학자 리셰Charles Richet에게 돌려지는데 그의 『유도된 몽유병에 대하여Du somnambulisme provoqué』1875는 최면술의 과학적 이용에 대한 관심을 부활시켰고, 그 부활에는 특히 샤르코Jean-Martin Charcot, 1825~1893의 연구가 크게 공헌하였다.

샤르코는 파리에서 태어나 의학교육을 받았다. 1853년 의학박사 학위를 받고 1862년까지 주로 개인 의원으로 일하다가 살페트리에르파리 대학병원의 레지던트 의사로 취직하였다. 그곳에서 그는 세계 최고의 영향력 있는 신경과학 연구센터가 될 연구소를 만들었다. 발작증을 앓는 여자 환자들을 수용하는 병동을 담당했던 샤르코는 기원이 간질인 발작과 히스테리적히스테리성 간질 발작을 구분하고, 반감각상실성 및 지각과민성 히스테리성 간질 증후를 명확히 함과 아울러, 히스테리성 간질과 비발작성 신경증 사례들을 구별하는 연구를 하게 되었다.

샤르코가 이 연구에서 도출한 결론들에 대한 최초의 중요한 요약은 1872년과 1873년 사이 부분적으로 출간된 『살페트리에르에서 행한 신경계 질환에 대한 강의Leçons sur les maladies du système nerveux faites à la Salpêtrière』에 발표되었다. 히스테리에 대한 최초의 체계적 · 객관적 연구로 간주되는 『히스테리에 대한 임상 및 치료 이론Traité clinique de thérapeutique de l'hystérie』1859을 쓴 브리끄Briquet를 따라 샤르코는 히스테리를 심리적 외상 충격에 의한, 유전적으로 소인이 있는 개인에게 전형적으로 나타나는 대뇌의 신경증이라고 개념화하였다. 1878년 리셰의 영향하에 히스테리 연구에 최면술을 사용하기 시작하였고 최면 상태하에서 히스테리 증상기억상실증, 무언증, 감각상실증뿐만 아니라 가끔 철도 사고에 뒤따르는 마비 증상과 같은 외상 충격 후 현상들도 재생될 수 있음을 발견하게 되었다. 이로써 그는 최면적, 히스테리적, 외상 충격 후 현상들을 함께 분류하고, 이들 심리역동적 현상을 신경계 손상 때문에 야기되는 조직이상적 증상들과 구분하고, 또 특정 신경증들의 핵심 사항인 무의식적 '고착idée fixes'의 존재를 주장하게 되었는데, 이 무의식적 강박관념의 존재에 대한 생각은 자네Pierre Janet와 프로이트Sigmund Freud에게 적지 않은 영향을 미쳤다.

샤르코는 자신의 일반적인 물질과학적 기조를 유지하면서 또한 최면유도와 연관된 신체 현상을 기술하려고 하였다. 그는 최면유도 과정이 세 가지 연속적 단계로 일어난다고 보았다. ① 감각상실 및 신경근의 유연성을 동반한 강직증catalepsy, ② 신경근의 과민흥분성을 동반한 약한 기면lethargy, ③ 몽유병적 상태somnambulism가 그것이다. 더 나아가 자신의 제자들의 연구에 근거해서 그는 이 신체적 소견들이 자석을 이용하여 신체의 한편에서 다른 편으로 전이될 수 있다고 주장하기도 하였다.

불행히도 그리고 그의 수많은 공헌과 일반적 중요한 역할에도 불구하고 샤르코가 함께 엮여서 잘 기억되는 것은 이 세 단계 및 자기적磁氣, magnetic 전이의 오류 때문이다. 벨기에 정신물리학자 델뵈프Delboeuf, 1886가 샤르코 연구에 대한 노골적인 공격에서 시사하였듯이, 암시의 효과는 최면가에게서 피험자에게로뿐만 아니라 피험자에게서 피험자에게로도 흐른다. 특별히 유난한 환자라면 오히려 최면술사의 마음속에 그 최면적 발현이 어떤 모습이 될 것인가에 대한 기대를 형성하도록 할 수도 있다. 그러면 이 기대는 그 의사의 기대를 확증하는 행동을 하게 될 장래 환자들에게 이루어질 암시로 암암리에 전달될 수 있다. 사실 그런 일들이 살페트리에르 병원에서 일어났던 것 같은데, 거기서는 그 유명한 위트망Blanche Wittmann, [그림 1-26] 참고을 포함한 환자, 학생, 협력자 및 샤르코 자신이 바로 상호 기대라는 피할 수 없는 힘의 희생자가 되었다.

낭시에서는 베른하임1840~1919의 지도하에 최면 효과

[그림 1-26] 히스테리 사례를 시연하는 샤르코. 환자는 위트망이라 판단된다.

가 암시력을 통해 얻어지는 것이라는 믿음을 가지고 연구하는 한 집단이 있었는데, 이들은 특히 샤르코의 연구에 내재한 오류를 잘 인식할 수 있는 위치에 있었다. 베른하임은 프랑스 북서부 뮐루즈 태생으로 의학교육의 일부를 스트라스부르에서 받았다. 교수임용자격을 획득한 후 그는 낭시 의대 교수직을 맡았다. 1882년 이미 명성 있는 의학교수가 되었을 때, 베른하임은 인위적인 몽유병을 이용하여 환자를 효과적으로 치료하고 있다는 소문이 난 리에보라는 시골 의사에 대한 소문을 듣게 되었다.

리에보를 방문하여 최면술의 치료 효과를 확신케 된 베른하임은 『최면 상태와 각성 상태에서의 암시에 대하여De la suggestion dans l'état hypnotique et dans l'état de veille』1884를 발표하였으며 거기서 그는 최면술 효과는 정신적 암시력을 반영하는 것이라는 리에보의 무시된 견해를 재소개하였다. 이 책과 1886년 증보판에서 베른하임은 최면 현상을 관념운동적 암시성ideomotor suggestibility, 즉 관념을 그대로 행동으로 바꾸는 보편적 인간 능력의 현현으로 개념화하였다. 사실 베른하임에게 최면이란 단순히 고양되고, 지연되고 또 인위적으로 유도된 암시성의 한 상태일 뿐이었다.

그 자체로 보면, 이들 견해만으로도 베른하임과 샤르코가 대립하게 되었지만, 베른하임과 낭시에 있던 그의 동료들은 거기서 한 발 더 나갔다. 최면은 히스테리와 결합된 병적 신경 조건이란 샤르코의 주장을 비판하면서, 베른하임은 최면 상태의 세 단계에 대한 샤르코의 설명을 거부하고 증상들이 자석의 힘으로 바로 변환될 수 있다는 생각을 비웃었다. 델뵈프의 비판을 이해하고 있던 베른하임은 샤르코가 발견한 현상들은 단순히 그의 환자들의 암시, 그의 제자들의 보잘것없는 실험 통제, 암암리에 샤르코 자신의 암시가 빚어 낸 산물일 뿐이라고 주장하였다. 사실 최면술 치료법의 암시적 성격을 너무 확신하고 있었기 때문에 낭시학파 사람들은 최면술적 유도를 완전히 폐기하고 각성 상태에서의 직접 암시, 즉 그들이 '심리치료법psychotherapeutics' 이라 명명한 기법을 채택하였다.

낭시학파와 살페트리에르파 사이에 논쟁이 고조되고 있을 때, 자네1859~1947, [그림 1-27] 참고는 르아브르대학에서 자신의 학위 논문을 뒷받침할 임상적 관찰자료를 정리하고 있었다. 파리 태생의 자네는 1879년 고등사범학교에 입학하여 그 어렵다는 교수임용자격 시험에서 차석을 차지하였다. 얼마 지나지 않아 그는 르아브르 인문학교의 철학교수직을 얻어 학위 논문 통과 시까지 거기서 머물렀다. 학위를 받자마자 그는 파리로 떠나 의학을 공부하고 살페트리에르의 샤르코 밑에서 임상적 연구를 수행하

[그림 1-27] 자네

였다.

자네의 학위 논문 『심리학적 자동운동L'automatisme psychologique』은 히스테리 및 정신병과 관련된 다양한 정신이상 상태에 대한 풍부한 관련 임상정보를 동원하였다. 그런 상태들을 전반적전인격을 포함하는 자동운동과 부분적인격의 부분이 의식에서 분리되어 그 자체의 심리적 존재를 따르는 자동운동으로 분리하면서, 자네는 외상적 기원을 확인하고 자동운동의 성격을 탐구하기 위하여 자동 쓰기와 최면술을 이용하였다. 졸도syncope, 강직catalepsy 및 최면 후 기억상실 및 최면

전 기억유지를 동반하는 인위적 몽유상태artificial somnambulism는 전반적 자동운동으로 분석되었다. 그리고 자네가 '성공적 존재들' 이라 부른 다중 인격multiple personalities, 부분 강직partial catalepsy, 넋 나감absent-mindedness, 자동 쓰기automatic writing, 최면 후 암시post-hypnotic suggestion, 점 막대 사용use of divining rod, 강신술적 최면 상태mediumistic trance, 강박obsessions, 고착fixed ideas 및 빙령상태 경험experience of possession은 부분적 자동운동으로 취급되었다.

매우 중요하게도 자네는 이 모든 현상을 의식과 행동 사이의 관념운동 관계를 강조한 분석틀 안으로 가져왔으며, 심리적 강함과 약함에 대한 역동적 은유를 채택하고, '의식장field of consciousness'의 개념과 심리적 힘의 고갈로 인한 장의 위축을 강조하였다. 이러한 틀 안에서 자네는 라포 상태에 있는 의사에 대한 환자의 특이한 고착 현상을 지각의 왜곡이라는 측면에서 분석하고, 또한 히스테리성 증상을 의식적 인격에서 떨어져 나와 잠재의식 속에 잠겨 버린 '고착'의 자동적 힘으로 설명하였다. 비록 비의학적 분야들에서의 자신의 연구가 갖는 치료적 함의에 대해 직접적 논의를 피할 정도로 신중하였지만, 자네는 분열의 기원들이 환자의 과거 경험의 심리적 외상 충격에 있음을 보여 줌으로써 그 자신과 프로이트 이후의 치료적 접근을 위한 기초를 마련하였다.

사실 샤르코, 베른하임, 자네의 연구에서 브로이어Josef Breuer, 1842~1925와 프로이트1856~1939의 연구까지는 단지 약간의 도약이 요구될 뿐이었다. 1893년 브로이어와 프로이트는 『신경과학 중앙지Neurologische Centralblatt』에 『히스테리 현상의 심리적 기제에 대하여Ueber den psychischen Mechanismus hysterische Phänomene』라는 간략한 예비 공동논문을 발표하였다. 브로이어와 프로이트 논문의 기원은 브로이어의 유명한 환자 안나 O에 대한 연구에 있었다.

틀림없이 자신의 환자를 기만하기 위해 애를 썼을 브로이어에 의해 그리고 많은 해가 지난 뒤 존스Jones, 1953/1957에 의해 기술된 안나 O 사례에 대해서는 여러 가지 설이 있고 또 실제 사실들Ellenberger, 1970 참조과는 상당히 다르지만, 안나 O의 증상 완화는 단지 환자가 최면하에서 브로이어에게 연대기적으로 역순으로 각 증상이 나타났던 정확한 정황들에 대한 설명을 하였을 때 일어났을 뿐이라고 보고되고 있다. 단지 그녀가 그 최종 증상을 추적하여 발발 당시의 외상 충격적 정황들을 찾아내었을 때에야 치료가 되었던 것이다. 이러한 '카타르시스적' 방법에 의한 안나 O의 치료는 외상을 의식하고 감정과 말 그리고 유도된 연상을 통한 해소를 포함하였는데, 대개의 사람들과 프로이트는 이 안나 O의 치료를 정신분석의 시작이라고 여겼다.

자네의 획기적 연구에서 그리고 브로이어와 프로이트의 중요한 과도기적 논문에서 우리는 메스메르 독트린에 대한 퓨이세이그의 치밀한 묘사로 시작된 이 분야의 학문적 발달의 완결점을 본다. 불과 일백 년 남짓한 사이에 수많은 증거와 관련 신경학적 및 심리학적 이론을 통해 우리는 이제 돌이킬 수 없이 정신적 사건들—메스머적 최면 상태, 라포, 의사의 치료 의지, 주의의 집중, 정신적 암시, 심리적 외상, 의식의 해리, 카타르시스—이 신체의 상태에 큰 변화를 야기할 수 있다고 믿게 되었다. 1890년대의 그 어떠한 저술도 이 풍부한 자료와 마음/신체 관계의 성격 개념화를 위한 그 의미를 무시하지 못하였을 것이다. 곧 알게 되겠지만 제임스도 예외는 아니었다.

02

실험심리학의 기원

마음 · 뇌 · 심리: 그 역사와 인물들

02
실험심리학의 기원

1. 17세기와 18세기: 마음의 인식론

통념에 따르면Boring, 1950 과학으로서의 심리학은 마음의 철학과 감각생리학 내에서 발생한 실험현상학의 결합에 의해 탄생한 생리심리학으로 독일에서 시작되었다. 철학적 심리학은 이 세상과 그것을 인지하는 마음과의 관계에 관한 본질을 파악하려는 인식론적 문제에 관심을 가지며, 이 주제의 근간을 이루는 질문과 설명적 구성개념을 생성하는 데 기여하였다. 감각생리학과 물리학도 실험 방법론과 현상학적 사실 정보의 축적에 기여했다.

프랑스 심리학자인 리보Ribot, 1879에게서 확인되는 또 한 가지 이야기는, 17세기와 18세기에 걸쳐 꽃이 핀 인식론을 완성시킨 칸트Immanuel Kant가 두 가지 이유에서 심리학이 경험적 과학이 될 가능성을 믿지 않았다는 사실이다. 첫째, 심리과정은 시간이라는 하나의 차원에서만 변하기 때문에 수학적으로 기술될 수 없다고 믿었다. 둘째, 심리과정은 내적이며 주관적이기 때문에 측정할 수 없다는 주장을 피력했다. 이 논쟁은 헤르바르트Johann Friedrich Herbart에게로 이어지는데, 그는 시간과 강도라는 두 차원에서 변화할 수 있는 정신 활동을 상정하고 시간의 진행에 따른 정신 활동의 강도 변화를 수학적으로 표현함으로써 칸트의 첫 번째 반대에 응수하였다. 뒤이어 페히너Gustav Theodor Fechner는 감각의 강도를 단위화 할 수 있는 정신물리학적 절차를 개발함으로써 두 번째 반대에 응답하였다. 분트Wilhelm Wundt는 이러한 생각에다 감각 생리학 및 실험 현상학적 방법을 결합하여 1879년에 라이프치히 대학에 실험실을 개설하였다.

검증된 과학의 역사에는 부인할 수 없는 진실이 담겨 있긴 하지만, 모든 합리적 재구성 과정이 그렇듯이 그 진행과정이 실제보다 훨씬 더 단순화되는 경향이 있다. 지난 20년 동안 주요 자료가 점점 더 축적되고 많은 역사가가 이 분야에 뛰어들면서 이미 보편화된 생각들이 여러 차례 수정되었다. 이번 전시회의 자료 목록들에 한정해서 볼 때, 이러한 문제들의 복잡성에 모두 답한다는 것은 불가능할 것 같다. 그러나 관심 있는 독자는 『행동과학역사Journal of the History of the Behavioral Sciences』와 브링먼과 트웨니Bringmann & Tweney, 1980, 댄지거Danziger, 1990, 리버Rieber, 1980, 우드워드와 애시Woodward & Ashy, 1982의 글을 참고하기 바란다.

많은 과학자가 실험심리학의 기원에 관한 보링의 이야기에 대체로 친숙하고, 또 그 관점이 많은 교과서에 자주 언급되어 왔으며, 또한 실험심리학의 역사가 겉으로 보이는 것보다는 훨씬 복잡한 이야기이기 때문에, 이 절과 다른 두 절에서는 로크John Locke에서 칸트까지, 벨Charles Bell에서 뮐러Johannes Müller까지, 페히너에서 분트까

[그림 2-1] 로크

지의 지적 발달을 꾸밈없이 개략적으로 기술할 것이다. 보링을 읽지 않은 심리학자라면 그의 저술을 먼저 독파할 것을 강력히 권장하는 바다. 몇 가지 제한점에도 불구하고 그의 실험심리학 발달사가 바로 오늘날의 학문적 발달의 출발점이 되었기 때문이며, 더욱더 중요한 것은 그 역사가 바로 오늘날 미국 심리학 관점의 한 부분이며 한 획을 이루게 되었다는 점 때문이다.

우리는 이미 데카르트René Decartes에 대해 논했고 라이프니츠Gottfried Wilhelm Leibniz에 대해서도 간략하게 짚고 넘어갔으므로, 경험주의와 연합주의의 창시자인 로크1632~1704, [그림 2-1] 참고로 곧장 가려고 한다. 로크는 영국 서남쪽에 위치한 서머셋의 링튼에서 태어나 자유로운 청교도 환경에서 자랐으며 옥스포드의 크라이스트 처치에서 교육을 받았다. 1690년으로 적혀 있지만 실제로는 1689년에 출판된 그의 『인간 오성론Essay Concerning Humane Understanding』은 여타 17세기 철학과 마찬가지로 데카르트에 대한 반응이었다. 심신이원론을 형이상학적으로 비판한 스피노자Benedict de Spinoza와는 달리 로크는 내적 감각사물의 경험 그 자체에 대한 마음의 반성적 경험과 외적 감각사물에 대한 마음의 경험을 비교하는 순전히 심리학적인 경험의 영역으로 논의를 이끌어 왔다. 베이컨Bacon, 1605과 데카르트가 지식 획득의 적절한 방법의 문제를 제기한 반면, 로크는 경험론적 관점에서 지식의 한계에 대한 인식론적 문제를 제기한 첫 번째 인물이었다.

현대 심리학자들이 본질적으로 다르다고 생각하여 구분하는 지각, 심상, 개념을 '관념'이라는 매우 일반적인 개념으로 통합하여 사용한 로크는 반성이나 내적 감각을 통해 경험적으로 획득하는 관념의 확실성과 외적 감각에 의존하는 관념의 진실성에 관심이 있었다. 로크에 따르면 외적 감각에 의해 전달되는 관념의 생생한 특징이나 내적 감각의 직관적인 확실성의 강조 모두가 가능하였다. 전자의 관점은 콩디야크Etienne Bonnot de Condillac의 감각론으로, 그리고 후자의 관점은 레이드Thomas Reid의 직관적 실재론과 스코틀랜드 기능심리학파로 이어지게 되었다. 그러나 로크와 콩디야크 간의 60여 년이란 시간 동안에도 수많은 학자, 그중에서도 특히 버클리George Berkeley와 하틀리David Hartley 같은 학자가 로크의 『인간 오성론』에 등장한 개념을 채택하였다.

로크는 『인간 오성론』에서 '일차적' 성질과 '이차적' 성질을 구분하였다. 견고함이나 확장과 같은 일차적 성질은 본래부터 내재해 있고 오로지 감각을 통해서만 지각되는 신체와 완전히 분리할 수 없다. 이차적 성질은 색상, 냄새, 소리와 같이 지각을 하는 주체가 감각을 산출해 낼 수 있게 해 주는 사물 속에 내재된 힘이다. 그러나 색상, 냄새, 소리는 그 자체로 대상에 내재되어 있지 않다. 버클

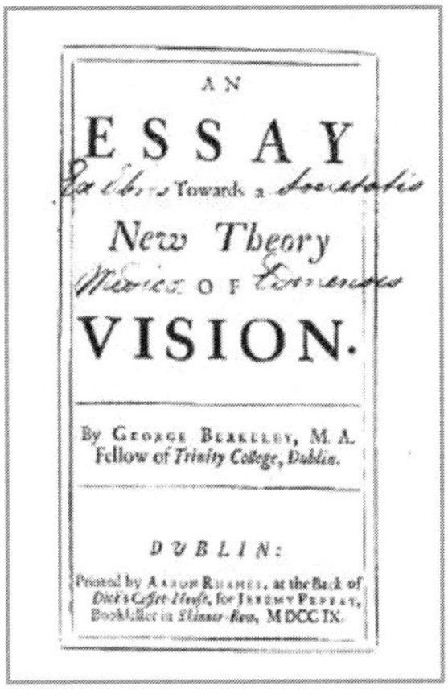
AN

ESSAY

Towards a

New Theory

OF

VISION.

By George Berkeley, M.A.
Fellow of Trinity College, Dublin.

DUBLIN:

Printed by Aaron Rhames, at the Back of Dick's Coffee-House, for Jeremy Pepyat, Bookseller in Skinner-Row, MDCCIX.

[그림 2-2] 『신시각론』에서 버클리는 이후 연합주의적 설명들의 원형이 된 거리에 대한 지각이론의 기초를 제공하였다.

리의 '유심론'은 바로 일차적 성질을 포함하도록 확장되고 사물에서가 아닌 신에게 귀속되는 이차적 성질에 대한 생각이었다.

버클리1705~1757는 아일랜드 킬케니에서 태어나 트리니티 대학에서 교육을 받았다. 1709년에는 첫 번째 저서인 『신시각론Essay Towards a New Theory of Vision』[그림 2-2] 참고을 출판하였다. 버클리 자신은 『신시각론』에서 유심론을 자세히 논의하지는 않았지만, 그 생각은 책 곳곳의 다른 견해 속에 함축되어 있으며, 관념들 간 연합의 중요성에 대한 초기 연합주의적 생각과 결합되어, 이후 연합주의적 설명의 원형이 된 거리에 대한 지각이론의 기초를 제공하였다. 버클리에게서 거리란 시각으로 즉시 지각되는 것이 아니다. 그보다는 "지속적 경험을 통해 마음이 대상과의 상이한 거리에 따라 달라지는 눈의 서로 다른 위치를 감지하는 것이며 … 그리고 그 두 종류의 관념 사이에 습관적 혹은 관습적 연합이 생겨나게 되는데 … 거리라고 하는 것은 … 관념으로 … 바로 오성에 제시된 것이다." 문단 17 무엇보다 주목할 것은 버클리가 거의 200년 후 연합주의적 설명에 흔히 사용되는 의미에 대한 '맥락이론'을 예견했다는 점이다.

하틀리1705~1757는 영국 핼리팩스 지역 루덴든에서 태어나 케임브리지 대학 지저스 칼리지에서 교육받았다. 1749년에 『인간관찰Observations on Man』[그림 2-3] 참고이라는 두 권의 책을 출판하였다. 연합의 일반 원리는 하틀리 훨씬 이전부터 사용되었고, '관념의 연합'이라는 말은 로크

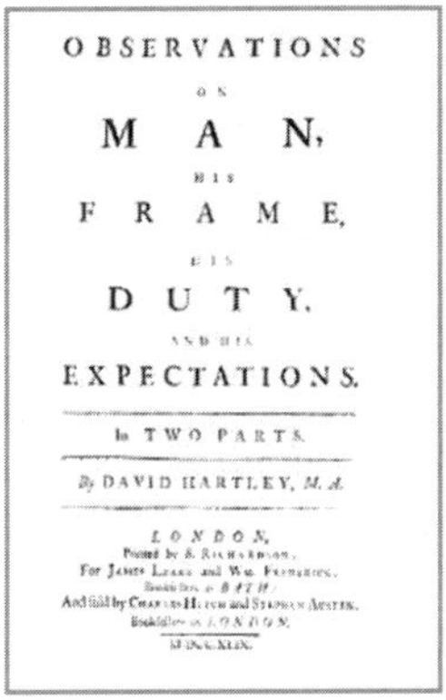

OBSERVATIONS

ON

MAN,

HIS

FRAME,

HIS

DUTY,

AND HIS

EXPECTATIONS.

In TWO PARTS.

By DAVID HARTLEY, M.A.

LONDON,

Printed by S. Richardson;

For James Leake and Wm. Frederick,

Booksellers in BATH:

And sold by Charles Hitch and Stephen Austen,

Booksellers in LONDON.

MDCCXLIX.

[그림 2-3] 연합의 원리는 하틀리의 『인간관찰』에서 처음으로 기본적 설명 도구로 채택되었다.

의 『인간 오성론』 제4판 부록으로까지 거슬러 올라가지만, 영Young, 1970에 따르면 "연합 심리학이 처음으로 제대로 된 모습을 갖추게 되고, 그 심리학적 특성이 전적으로 인식론적 물음에서 유래치 않게 된 것은 하틀리에 와서다. 하틀리는 모든 경험과 활동에 대한 근본적이고도 철저한 설명으로 연합 원칙을 적용한 최초의 인물이었다. … 게다가 그는 신경계가 어떻게 기능하는지에 대한 가정을 자신의 심리학적 이론에 접목시켰다. 예를 들어, 그에게 있어

감각이란 진동, 즉 신경과 뇌의 '소립자'에 필적한다. … 감각현상, 관념작용, 신경계 운동과 관련하여 그는 나중에 페리에David Ferrier가 대뇌의 국재화와 결합시키게 되는 생리심리학 원칙의 기초를 마련하였다." p. 95-97

콩디야크1715~1780, [그림 2-4] 참고는 프랑스 그르노블에서 태어나 생쉴피스와 소르본느에서 신학을 공부하였으며 1740년에 사제 서품을 받았다. 로크의 두 가지 지식의 원천, 즉 외적 감각을 통해 전달되는 감각과 내적 감각을 통한 반성 중 콩디야크는 오직 전자에만 초점을 맞추었다.

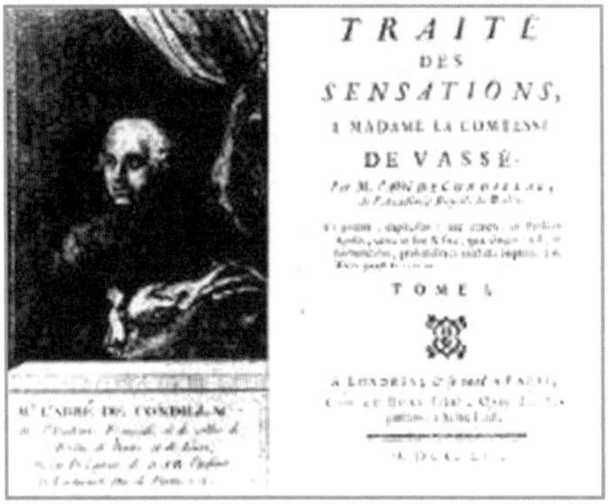

[그림 2-4] 콩디야크의 『감각론』은 외적 감각 인상으로 모든 관념과 정신 작용을 설명할 수 있다는 것을 보여 주기 위해 기획되었다.

1754년에 출판된 『감각론Traité des sensations』에는 외적 감각을 통해 저절로 얻어진 외적 인상이 모든 관념과 정신적 조작의 원인이 될 수 있다는 것을 보여 주려는 의도가 담겨 있다. 그는 단일한 감각, 냄새 외에는 아무런 다른 특성이 없는 상태라는 훌륭한 예를 사용하여 주의, 기억, 판단, 상상, 정신적인 생활의 모든 것을 도출해 내도록 시도하였다. 콩디야크의 견해는 분명하였다. 즉, 가장 극단적인 형태의 '백지설tabula rasa'적 견지를 취했다. 모든 '백지설' 견해처럼 상호 관련 있는 연합의 원칙이 얼마나 강력한지에 상관없이 콩디야크의 극단적인 감각주의는 생물체의 구성 다양성종의 차이, 개인 차이이라는 명백한 사실과 충돌한다.

콩디야크와는 매우 대조적으로 레이드1710~1796는 로크의 내적 감각을 강조하기로 선택하고, 그 기본적인 구조인 인간 정신의 직관과 기능에 관한 정교한 이론을 개발하기 위해 반성이라는 단순한 개념을 내세웠다. 레이드는 애버딘 근처에서 태어나 매리셜 칼리지에서 수학하였다. 처음에는 버클리의 영향을 받았으나, 흄David Hume의 『인성론

Treatise of Human Nature』1739의 암묵적인 가정에 대한 반감으로 버클리와 흄을 등지고 철학의 개혁으로 방향을 바꾸었다. 그의 주 저서인 『상식 원리에 기초한 인간 정신 연구An Inquiry into the Human Mind on the Principles of Common Sense』는 그가 글래스고 대학의 윤리철학교수 임명을 수락한 해인 1764년에 출판되었다.

『상식 원리에 기초한 인간 정신 연구』에서 레이드는 스코틀랜드 기능심리학이 수립하게 된 '상식' 철학의 기본적인 직관적 가정에 관해 상술하였다. 직관은 정신 활동의 선천적인 경향, 즉 출생부터 모든 인간 존재의 의식적인 경험을 조절하는 인간 정신의 기본적 구성 측면이다. 직관이 정신 활동으로 나타날 수 있기 위해서는 적절한 대상들의 표상을 필요로 했기 때문에, 스코틀랜드 철학은 일종의 실재론이다. 직관은 정신을 현실로 투사하지 않고 정신이 현실에 접근하도록 한다. 비록 직관주의가 심리적 과정에 대한 생득설이라 할지라도, 마음의 생득적 원리의 성질과 존재에 대한 연구가 자기 의식하에 이루어진 관찰된 사실에 의해 이뤄진다는 점에서 일종의 방법론적 경험론이다. 이러한 견해는 이후 레이드1785, 1788의 구체적인 능력 분석으로 강화되면서 19세기 미국 학문적 정신철학을 지배하게 되었다. 또한 골Franz Josef Gall이 뇌 기능의 국재화를 도식화할 수 있도록 이끌어 준 27가지의 정신력 목록을 얻었던 것도 간접적으로 레이드를 통해서였다.

칸트1724~1804, [그림 2-5] 참고는 동 프러시아의 쾨니히스베르크에서 태어나 평생을 지냈다. 그는 일생 동안 출생지에서 40마일 이상 떨어진 곳을 여행해 본 적이 없다고

[그림 2-5] 칸트

한다. 18세기 철학은 칸트의 연구에서 절정에 달했다는 리보Théodule Ribot의 주장도 부당하지 않지만, 그 이전 철학이 데카르트를 따랐던 것처럼 19세기와 20세기 철학은 칸트를 따랐다고 말하는 것이 칸트의 영향력을 훨씬 더 온당하게 평가한 것이라 할 수 있을 것이다. 그러므로 과학적 심리학에 끼친 칸트의 간접적인 영향은 막대한 것이었다. 그의 직접적인 기여 역시 비록 특정 영역에 한정된 것이라 하더라도 상당히 중요한 것이었다.

우리가 이미 주목한 바와 같이 그러한 기여 중 하나는 심리학이 경험적 과학이 되기 위해 충족해야 하는 선행조건을 칸트가 규정하였다는 것이었다. 또 다른 하나는 1798년에 출판된 본격적 심리학 논문인 『실용적 인간학Anthropologie in pragmatischer Hinsicht』이다. 곧 부정될 관상학에 대한 확고한 공감대 때문에 오랫동안 무시되기도 했지만, 그럼에도 불구하고 『실용적 인간학』은 매혹적인 작은 책이다. 칸트는 의식과정에 대한 경험과학의 가능성을 부정하는 맥락에서 인지능력, 쾌감과 불쾌감, 애정, 열정, 성격 등의 성질을 분석한다. 『실용적 인간학』은 칸트 생전

두 번의 개정판을 내고 이후 몇 번의 인쇄를 거쳤는데, 이 책은 헤르바르트와 페히너뿐만 아니라 칸트가 생각지도 못했던 의식 현상의 과학을 수립하기 위해 노력한 푸르키네Jan Evangelista Purkyně, 베버Ernest Heinrich Weber, 뮐러와 같은 현상학을 지향하는 심리학자들의 연구 맥락도 마련해 주었다.

2. 19세기: 신경계의 인식론

보링Boring, 1950은 1800년에서 1850년까지 생리학에서의 발견이 결과적으로 실험심리학의 생성을 위한 기초를 마련해 주었다고 지적하였다. 우리에게 특별히 흥미 있는 사건은 첫째, 감각과 운동신경 간의 구분을 처음으로 정교화한 것이고, 둘째, 시각 및 촉각의 감각현상학이 출현한 것이며, 셋째, 신경계가 정신과 세계를 매개한다는 것과 관련된 견해를 포함한 구체적 신경 에너지 학설을 분명히한 것이다. 이러한 발견이 진행되고 있는 동안 철학적 심리학에서 두 가지 주요 발전이 있었는데, 하나는 이차적 연합 원칙을 정교화한 것이고, 다른 하나는 역치 초과 및 미만의 관념 변화에 영향을 미치는 매개변수를 처음으로 양적으로 기술한 것이었다.

감각과 운동신경 간의 구분과 관련 있는 첫 번째 생리학적 발견은 벨1774~1842, [그림 2-6] 참고에 의해서였다. 벨은 에든버러에서 태어나 사교육을 받았다. 에든버러 대학에서 수강하기도 했지만, 대부분의 해부학적 및 외과적 수업은 저명한 의사였던 그의 형 존에게서 받았다. 20대에 벨

[그림 2-6] 벨

은 이미 존경받는 외과의가 되었으며, 1799년 에든버러에 있는 왕립외과대학Royal College of Surgeons의 입학 허락을 받았다. 1806년에는 런던으로 가 5년 후에 훈터 해부학교에서 일하게 되었다. 이때가 1811년으로 그간 친구와 동료들 사이에서 개인적으로 돌려 보던 36쪽 분량의 『뇌의 최신 해부학에 대한 견해Idea of a New Anatomy of the Brain』를 100부 인쇄한 바로 그 해였다.

『뇌의 최신 해부학에 대한 견해』에서 벨은 해부학적 증거를 사용하여 척수의 복측 신경근은 운동섬유만으로 그리고 배측 신경근은 감각섬유만으로 구성되어 있다고 주장하였다. 그럼으로써 그는 신경섬유가 감각과 운동 간에 구별이 없다고 암묵적으로 가정하던 수 세기 동안의 전통을 뒤집고, 두 유형의 신경과정 간의 근본적인 구분을 확실하게 하였다. 우리가 이미 앞에서 보았듯이 이러한 구분은 감각-운동 연합주의와 결합되어 베인Alexander Bain과 스펜서Herbert Spencer에 의해 처음으로 심리생리학적 심리학이 되었고, 잭슨과 페리어를 통해 피질의 기능적 국부화의 기초로서 감각-운동 패러다임을 구축하게 되었다.

이와 관련된 의미 있는 첫 철학적 진보는 브라운Thomas Brown, 1778~1820에 의해 이루어졌다. 브라운은 스코틀랜드 커크매브렉에서 태어나 에든버러 대학에서 철학과 의학을 공부했는데, 레이드의 제자인 스튜어트Dugald Stewart와 함께 수강하였다. 1810년에 스튜어트와 함께 윤리철학 교수직에 임명되었고 단기간에 뛰어난 강의로 명성을 얻게 되었다. 그가 요절한 후 1820년에 이 강의 내용은 『정신철학강의Lectures on the Philosophy of the Human Mind』라는 네 권의 책으로 출판되었다. 그 영향은 즉각적으로 나타났다. 왜냐하면 의심할 바 없이 브라운은 두 가지 다른 전통, 즉 레이드의 스코틀랜드 직관주의와 콩디야크의 경험주의의 요소들을 서로 결합하였기 때문이었다. 그러면서 그는 두 전통의 재정립을 도왔다.

오직 하나이며 분할할 수 없는 정신이 동일 관찰의 주체도 객체도 될 수 있다는 생각은 부조리하다는 신념에 기반한 내성법에 대한 중요한 비판을 포함하여 수많은 새로운 기여 중에서 브라운은 실험심리학의 역사에 기본적으로 중요한 두 가지 개념적 진보를 가능하게 하였다. 그 첫째는 '근육 감각muscle sense'을 강조한 것이었다. 우리가 일찍이 제안했듯이 베인 이전 연합주의자들은 감각의 분석에 몰두하며 운동과 활동을 무시했다. 브라운은 지각에서 객관적인 참조의 문제를 개념화하는 데 운동의 감각적 측면을 포함함으로써 전통적인 사고의 방향을 더 균형 잡힌 감각-운동 관점으로 바꾼 첫 번째 철학자였다.

두 번째는 그가 '제안suggestion'이라고 이름 붙인 이차적 연합 법칙을 정교화한 것이다. 타인에 의한 하나의 관념의 강화뿐만 아니라 상대적인 지속시간, 강도생동감, 빈도, 원감각의 새로움을 다루고 있는 이 법칙의 공식화는 이후의 학습심리 이론가에게 연합의 사실뿐만 아니라 양적 요소를 설명하려는 시도에 기초를 제공하였다.

거의 같은 시기에 독일에서 또 다른 정신철학자 헤르바르트1776~1841, [그림 2-7] 참고도 관념 간의 양적인 관계를 연구하고 있었다. 헤르바르트는 올덴부르크에서 태어나 예나 대학의 피히테Johann Gottlieb Fichte 문하에서 공부하였는데, 둘 사이에는 약간의 의견 불일치가 있었다. 피히테

[그림 2-7] 헤르바르트

의 사상에 자극받았지만 헤르바르트는 스스로의 체계적 철학을 세우기로 결정하고 예나 대학에서 학업을 마치고 괴팅겐으로 가서 1802년에 박사학위를 받았다. 거기서 1809년까지 머물고는 칸트가 맡았던 자리를 차지하기 위해 쾨니히스베르크로 옮겨 갔다.

쾨니히스베르크에서 헤르바르트는 자신의 심리학을 연구하기 시작하였으며, 1816년에 『심리학 교재Lehrbuch』 그리고 1824년과 1825년에 『과학으로서의 심리학Psychologie als Wissenschaft』을 출판하였다. 후자의 서명이 중

명해 주듯이 헤르바르트는 심리학이란 경험적일 수도비록 그가 실험 가능성을 부인하기는 했지만 수학적일 수도 있다고 믿었다. 관념표상은 시간에 따라 정렬되고 강도가 다양하다고 논쟁한 후, 그는 마음의 정적 상태와 역동적 상태를 개념화하여 두 관념 간의 상호작용 원칙에 대해 가설화한 체계를 기술하기 위해 수학 방정식을 사용하였다.

특히, 헤르바르트는 다른 종류의 관념이 그렇지 않은 반면, 동일 종류의 관념은 서로 대립한다고 가정하였다. 이 대립은 의식 속에서 원래의 관념을 점점 약화시키고, 결국에는 자각의 역치 아래로 가라앉는다. 이 관념은 경험적으로 유사한 관념의 출현이 두 관념 간의 유사성 정도에 비례하는 속도로 원래의 관념을 불러일으킬 때까지 남아 있다. 더구나 원래의 관념이 새로운 관념에 의해 당겨 올라올 때 유사 관념들도 그것과 함께 엮인다. 그래서 어떤 관념의 생성이건 간에 그것은 이미 의식 속에 존재하는 하나의 통합된 관념 집단 내에서의 자리를 점하는 것 그 이상이 될 수 있다. 이것이 헤르바르트의 유명한 '통각' 개념이다. 관념은 이 통각으로 의식될 뿐만 아니라 의식적 관념의 총 복합체인 '통각체apperceptive mass'에 동화된다.

이러한 관점에서 헤르바르트는 새로운 과학적 심리학이 결국 의식의 역치 초과 및 미만 간의 결정적 구분에 대해 복잡하지만 잘 정리된 양적 인식의 방향으로 갈 것이라는 과감한 주장을 하게 되었다. 세간에서는 그를 칸트와 페히너 간의 과도기적 인물이라고 하지만, 사실 헤르바르트는 실험적 증명의 가능성을 거부하고 마음의 철학을 뇌 생리학에 연결하지 못한 채, '새로운' 심리학으로 가는 길의 일부만을 걸어갔을 뿐이다. 심리학이 실험실 연구로 발전되기 위해서는 우선 방법이 필요했는데, 초기 방법론의 기원은 마음의 철학에 있지 않았고 푸르키네, 베버, 뮐러와 같은 심리학자의 연구에서부터 온 것들이었다. 푸르키네와 베버는 감각의 실험적 현상학에 기초적인 기여를 하였고 뮐러는 구체적인 신경 에너지 학설을 정교화하였는데, 이 이론은 정신과 세계를 매개하는 것으로서 신경계의 인식론적 역할을 체계화하였다.

푸르키네1787~1869는 북부 보헤미아의 리보코비체에서 태어나 피아리스트회 수도원에서 첫 정규교육을 받았다. 수도 기간을 마친 후 피아리스트 철학 학교에서 공부하며 1년을 보냈다. 1807년에 피히테의 저술에 영향을 받고 성직을 떠나 프라하를 여행하였다. 프라하 대학에서 2년간 연구하고, 의학을 공부하기 위해 대학으로 돌아갈 결정을 하기 전 개인교사로 3년을 보냈다. 1819년 의학 공부를 마치고 박사 논문 『주관적 시각경험연구Beiträge zur Kenntnis des Sehens in subjectiver Hinsicht』를 출판했다. 이 논문으로 그는 1823년에 브레슬라우 대학 철학교수로 임명되었다. 같은 해에 그는 『감각생리학 관찰연구Beobachtungen und Versuche zur Physiologie der Sinne』의 제1권으로 그의 학위 논문을 재출간하였다. 이어서 1825년의 제2권은 소제목이 『신주관적 시각경험연구Neue Beiträge zur Kenntnis des Sehens in subjectiver Hinsicht』였다.

이 두 권의 『감각생리학 관찰연구』는 그 시대의 위대한 지적 성취 중 하나이며, 실험심리학의 출현에 주요한 전환점이 되었다. 현상학적인 세부사항을 관찰할 수 있는 매우 민감한 능력을 가진 푸르키네는 안구에 가해진 압력과 전류, 중심와에 주어진 빛의 노출점의 변화, 안구운동의 정도, 빛의 강도 변화 등의 자극 조건을 실험적으로 조작한 시각적 경험에서의 심리적 결과를 탐색하였다. 푸르키네가 심리학자들 사이에서 유명해진 것은 일조량의 변화에 따른 여러 색상의 겉보기 광도apparent lyminosty의 변화 현상에 대한 그의 고전적 기술소위 푸르키네 효과이지만, 미래 실험실 연구를 위한 기초를 마련하도록 도왔던 것은 감각 경험의 요소를 탐색하기 위해 실험 방법을 폭넓고 체계적으로 사용한 점이었다.

베버1795~1878는 비텐베르크에서 태어나 라이프치히에서 교육받았는데, 1818년부터 해부학 교수로, 1840년 후로는 생리학 교수로 재직하며 그곳에 머물렀다. 1834년 그는 『촉각론De pulsu, resorptione, auditu et tactu』[그림 2-8] 참고을 출판했다. 이 책에서 그는 촉각 경험의 감각 현상에 관한 광범위한 실험 결과들을 소개하였다. 푸르키네가 실험 방법을 감각 현상학에 적용한 반면, 베버는 실험을 넘어 수량화하는 접근으로 확장시켰다.

두 감각 간의 가장 작은 지각 차이를 일컫기 위해 최

DE

PULSU, RESORPTIONE, AUDITU

ET TACTU.

ANNOTATIONES ANATOMICAE

ET PHYSIOLOGICAE

AUCTORE

ERNESTO HENRICO WEBER

LIPSIAE

[그림 2-8] 신체 감각을 연구한 『촉각론』에서 베버는 촉각 경험의 감각 현상을 실험적으로 더 광범위하게 탐색했다.

소식별차JND: just noticeable difference라는 신조어를 만든 후에 베버는 감각의 강도에 있어서의 최소식별차는 원래 정량에 대한 자극의 변화량$\Delta R/R$의 함수라는 일반적인 원칙을 지지하는 자료를 축적하였다. 다른 감각계뿐만 아니라 촉각 자체 내에서조차도 이 관계의 일반성에 중요한 제한이 있다는 것이 보이기도 했지만, 과학적인 심리학의 출현에 있어서 베버 발견의 중요성은 아무리 높이 평가해도 지나치지 않을 것이다. 페히너가 후에 '베버의 법칙'이라고 명명한 이 관계에 대한 정밀한 설명과정에서 베버는 여러 가지 물리적 사상과 정신적 사상 간의 양적 관계를 구축할 수 있다는 증거를 제공하였다. 이러한 관계를 신경계와 연관 지음으로써 그는 뮐러와 함께 마음과 물리적 환경 간의 관계를 매개하는 데 신경계의 인식론적 기능을 구축하도록 도왔다.

뮐러1801~1858, [그림 2-9] 참고는 독일의 코블렌츠에서 태어나 본 대학에서 교육을 받았다. 그는 1822년에 의학 학위를 받고, 베를린 대학에서의 1년 후 본 대학의 객원 강사

[그림 2-9] 뮐러

로 교육훈련을 받아 결국 그곳의 교수가 되었다. 1833년에 그는 베를린 대학의 권위 있는 해부학 및 생리학 과장직을 맡기 위해 본 대학을 떠났다. 실험심리학 역사에 가장 중요한 그의 공헌은 헬름홀츠Hermann von Helmholtz, 브뤼케Ernst Brücke, 루드비히Carl Ludwig, 뒤부아-레이몽Emil DuBois-Reymond 등 연하의 동료와 학생에게 끼친 개인적인 영향 그리고 1834년과 1840년에 출판된 『인체생리학 개론Handbuch der Physiologie des Menschen für Vorlesungen』에서 구체적인 신경에너지 학설에 부여한 체계적인 형식이었다.

뮐러가 이미 1826년에 구체적인 신경 에너지 학설을 발표했다 하여도 『인체생리학개론』에서의 그의 진술은 더 광범위하고 체계적이었다. 기본적으로 그 학설은 두 가지 주요한 원칙을 포함하고 있었다. 그 첫 번째 원칙은 정신이 물리적 세계의 대상을 직접 자각하는 것이 아니라 신경계의 상태를 자각한다는 것이었다. 달리 말하면, 신경계는 세상과 정신 간에 매개물 역할을 하고 그래서 그 고유의 성질을 정신과정에 부과한다는 것이다. 두 번째 원칙은 정신이 감각을 통해 지식을 획득하게 되는 감각신경의 특성은 각각의 감각양식에 국한적이라는 점이다. 즉, 청각신경이 빛에 대해 그렇듯이 보통 시각신경은 소리에 무감각하다.

보링1950이 지적한 바와 같이 뮐러에게서 완전히 독창적인 견해란 아무것도 없었다. 많은 학설이 벨의 연구에 이미 소개되어 있었을 뿐만 아니라, 뮐러의 두 가지 가장 기본적인 원칙 중 첫 번째 것은 '이차적 성질' 이라는 로크의 생각 속에 함축되어 있었고, 두 번째 것도 오랫동안 일반적으로 받아들여 왔던 감각에 대한 관념을 통합시켰을 뿐이다. 뮐러에게 있어서 중요한 것은 그가 이 원리들을 생리학 입문서에 체계화하여 오랜 시간 동안 학생들에게 그 주제에 대한 표준적 참조체제로 사용하게 하였다는 점과 그의 개인적 지위의 중요성을 통해 전반적 학설에 실어 준 정당성이었다.

뮐러 이후 정신과 신체의 두 문제, 즉 정신과 뇌 및 신경계의 관계 그리고 정신과 세계의 관계는 밀접히 연결되었다. 비록 뮐러가 감각 성질의 궁극적 상관 현상은 대뇌피질의 특수한 중추에 있다는 가능성을 향한 그 학설의 함의를 스스로 찾아내지 못하고 또 감각 정신물리학을 발전시키지는 못했다. 하지만 그의 특수성 원리는 피질 기능의 국재화에 대한 기초 작업이 되었고 신경계의 인식론적 기능에 대한 그의 견해는 페히너의 정신물리학에서 정신/세계 관계를 양적으로 측정하는 기술이 출현하게 되는 환경을 만들게 하였다.

3. 정신, 육체, 의식의 실험심리학

우리가 실험심리학의 공식적인 시작을 알 수 있는 것은 페히너1801~1887의 연구에서다. 보링1950의 말처럼 페히너 이전에는 심리학적 물리학과 철학적 심리학만이 있을 뿐이었다. "새로운 심리학의 기초를 놓아주고 지금도 여전히 그 방법론의 기초가 되고 있는 첫 실험을 과학적으로 엄격하게 수행한 사람"p. 275은 페히너였다.

페히너[그림 2-10] 참고는 프러시아의 그로스-제르헨에서 태어났다. 그는 16세에 라이프치히 대학 의학과에 입학하

[그림 2-10] 페히너

여 베버 문하에서 해부학을 공부하였다. 그러나 학위를 받자마자 그의 관심은 물리학과 수학으로 옮겨 갔다. 1824년까지 물리학을 강의했고, 1834년에는 직류 측정에 관한 주요 논문을 포함하여 자기 이름이 붙어 출판된 책이 40권을 넘는 상태에서 라이프치히 대학의 물리학 교수로 임용되었다.

페히너의 심리학적 관심은 1830년대 말 보색과 주관적인 색지각에 관한 논문에서 자명해지기 시작했다. 주관적인 잔상에 대한 논문이 나온 해인 1840년 그는 신경쇠약으로 고통을 받았다. 연구를 하면서 태양을 응시하며 얻은 고통스런 안구 손상이 악화되어 페히너의 병은 일시적으로 앞을 못 보는 증상과 피폐 징후로 나타났다. 그는 라이프치히 대학의 직위를 사임하고 장기간의 실질적인 은퇴생활로 들어갔는데, 이 기간에 그의 관심은 점차 형이상학으로 바뀌었다. 철학 교수로 대학에 다시 돌아온 해인 1848년 정신과 신체의 관계라는 문제를 처음으로 명백하고 철학적으로 다룬 형이상학 논문인 『난나 혹은 식물의 영혼생활에 대하여Nanna, order Über das Seelenleben der Pflanzen』를 완성하였다.

『난나』와 그보다 더 중요한 저서인 『젠드 아베스타Zend-Avesta』 1951에서 페히너는 이중적 속성이지만 일원적이고 범심적인 마음/신체 견해의 윤곽을 그렸다. 후에 루이스George Henry Lewes가 차용한 유명한 은유에서 페히너는 우주는 하나이고 능동적인 의식이면서 동시에 비활성적 물체라고 하면서, 이 우주를 한쪽에서는 볼록하지만 또 다른 쪽에서는 오목하면서 여전히 본질적인 통합을 유지하는 곡선에 비유했다. 이러한 접근을 정신/신체와 조화시켜, 페히너는 정신물리학을 위한 미래 프로그램, 즉 정신의 긴장이 증가하는 것에 대응하여 신체 에너지가 증가하는 것을 관련시킴으로써 정신/신체 단일성을 경험적으로 증명하기 위한 프로그램을 준비하였다.

1851년에서 1860년 사이 페히너는 두 감각 간 식별최소차의 단위로 감각을 직접 측정하기 위한 이론을 만들어 내고, 세 가지 기본적인 정신물리적 방법식별최소차, 정오사례, 평균오류을 발전시켰으며, 두 권의 『정신물리학의 요소Elemente der Psychophysik』[그림 2-11] 참고 중 제1권의 많은 부분에서 촉각 및 시각 거리, 시각 광도, 들린 무게에 대한 고전적 실험을 수행하였다. 『정신물리학의 요소』에서 페히너의 목적은 물리 현상과 정신 현상 간의 기능적 관계에 대한 정확한 과학을 수립하는 것이었다. 내적 정신물리학감각과 신경흥분 간의 관계과 외적 정신물리학감각과 물리자극 간의 관계을 구분하기 위해 페히너는 외적 정신물리학 관계를 특징짓는 자극의 논리S = klogR로 감각의 강도가 증가한다는 유명한 원칙을 만들었다. 그러면서 그는 기초적인 철학적 진실, 즉 정신과 물질은 하나의 동일한 실재를 이해하는 다른

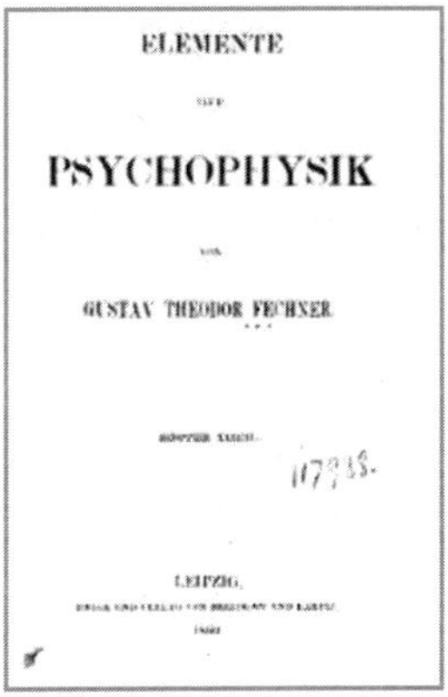
ELEMENTE

DER

PSYCHOPHYSIK

VON

GUSTAV THEODOR FECHNER

LEIPZIG,

[그림 2-11] 페히너의 『정신물리학의 요소』 발간은 일반적으로 실험심리학의 공식적 출발점으로 간주된다.

방법일 뿐이라는 사실을 증명하는 방법에 도달했다고 믿었다.

『정신물리학의 요소』의 철학적 메시지는 거의 무시되었지만, 그 방법론적 및 경험적 기여는 그렇지 않았다. 페히너는 유물론적 형이상학을 반격하려 했는지도 모른다. 그러나 그는 잘 훈련된 체계적인 실험자요 유능한 수학자였으며, 헬름홀츠, 마하Ernst Mach, 폴크만A. W. Volkmann,

델뵈프Joseph Rerny Leopold Delboeuf 등과 같은 과학자에게 끼친 그의 연구의 영향은 형이상학적이라기보다는 과학적이었다. 측정에서의 방법론적인 혁신을 주의 깊은 실험과 결합함으로써 페히너는 헤르바르트를 넘어 과학적 심리학의 가능성에 관한 칸트의 둘째 반대 이유에 답했다. 페히너는 정신적 사건들이 측정될 수 있을 뿐만 아니라 물리적 사건들과의 관계의 측면에서 측정될 수 있다는 것을 보여 주었다. 이러한 이정표를 달성함으로써 페히너는 감각 경험의 현상학에 대한 양적이고 실험적인 탐색 가능성을 증명했고, 정신물리학을 새롭게 출현하는 과학적 심리학의 핵심 방법의 하나로 확립하였다.

페히너가 『정신물리학의 요소』를 마무리하고 있을 때 젊은 생리학자 분트1832~1920, [그림 2-12] 참고는 생리학 연구소를 관장하러 본 대학에서 하이델베르크 대학으로 온 헬름홀츠의 조교직을 맡고 있었다. 분트는 만하임 부근 네카라우에서 태어났고 어린 시절 교육은 개인교사와 브루흐잘 고등학교를 통해 받았다. 19세에 튀빙겐 대학으로 의학공부를 위해 떠났는데, 그곳에는 그의 친척인 아놀드

[그림 2-12] 분트

Friedrich Arnold가 해부학 및 생리학 과장을 맡고 있었다. 첫 번째 여름 학기에 아놀드의 지도로 대뇌해부학에 대한 집중적 연구를 하였으며 여름이 끝날 때쯤 생리학을 평생 연구하기로 마음먹었다. 1855년 아놀드가 해부학 연구소를 맡기 위해 하이델베르크 대학으로 옮겨 갔을 때 분트도 의학 공부를 마치기 위해 따라갔다. 일 년 동안 병원근무를 하고 뮐러와 뒤부아-레이몽 문하에서 한 학기를 공부하기 위해 여행을 한 후 분트는 생리학 강사로 하이델베르크로 돌아가서 이듬해에 헬름홀츠의 조교가 되었다.

이 기간을 분트가 잘 이용하였을 것처럼 보이지만 헬름홀츠와의 접촉은 거의 없었다. 필요할 때마다 자기 집에서 많은 실험연구를 시행한 분트는 감각 지각에 대한 연구를 시작하여 1862년에는 『감각지각론 연구Beiträge zur Theorie der Sinnes-wahrnehmung』로 수집된 일련의 출판물을 발간하였다. 『감각지각론 연구』는 방법론적 도입으로 시작하여 이전에 발표된 감각 지각에 관한 여섯 개의 논문으로 구성되었다. 이 논문들에서 분트는 공간 지각의 심리학적 이론무의식적 추론의 필요성에 대한 논의를 포함하여 헬름홀츠와는 분명히 독자적으로 도달하게 된의 기초를 제공하고, 시각 이론의 역사를 재검토하였으며, 시각 적응과 안구 운동에서 일어나는 감각의 심리 기능을 분석하였으며, 양안 대조 효과와 입체융합에 대한 실험 결과를 제시하고, 또 헤르바르트에 반대하여 특정 순간의 의식 내용은 항상 무의식적으로 통합된 단일 지각으로 구성된다고 주장하였다.

비록 『감각지각론 연구』 대부분이 분트의 연구가 지향하고 있는 방향의 예증을 위해 당연히 중요하지만, 특히 분트의 실험심리학을 위한 계획의 출현을 감지하게 해 준

것은 바로 『감각지각론 연구』에 쓰인 방법에 대한 소개였다. 심리학의 형이상학적 기초화를 거부하면서 분트는 유전적, 상대적, 통계적, 역사적, 특히 실험적 방법을 사용하여 의식에 대한 직접적 연구의 한계를 넘을 필요성에 대해 강변하였다. 그는 이 방법으로서만 의식적 현상을 '무의식적 정신의 복잡한 산물Complex products of the unconscious mind' p. xvi로 이해하게 되는 것이 가능할 것이라 제안하였다. 젊은 분트가 실험심리학의 선행조건을 숙고하고 있을 때, 그의 연구소 감독자이자 직속상관인 헬름홀츠는 여러 가지 방법으로 이미 그런 프로그램을 수행하고 있었다.

헬름홀츠1821~1894, [그림 2-13] 참고는 포츠담에서 태어나 포츠담 고등학교와 베를린 대학의 프리드리히 빌헬름 의과대학에서 교육받았다. 베를린 대학에서는 뮐러의 영향을 받았으며, 21세가 되었던 1842년에 의학 학위를 받고 프러시아 군의관으로 근무하였다. 자신이 거부하였던 뮐러의 활력론vitalism에 대한 반동으로 헬름홀츠는 활력론을 정당화하기 위해 가끔 사용한 현상인 동물 체온의 생리학적 기초를 밝히는 데 흥미가 있었다. 이런 관심 때문에

[그림 2-13] 헬름홀츠

1847년에 에너지 보존에 대한 유명한 논문을 쓰게 되었고, 이 논문으로 헬름홀츠는 쾨니히스베르크 대학에서 생리학 교수직을 제안받고 1848년에서 1855년까지 재직하였다. 1855년에 그는 본 대학으로 옮겨 갔으며, 1858년에는 다시 생리학연구소 소장직을 맡기 위해 본 대학에서 하이델베르크 대학으로 갔다.

헬름홀츠가 당시 새롭게 출현하던 실험심리학에 가장 중요하게 기여한 시기도 바로 본과 하이델베르크에 있던 때였다. 1856년부터 1866년까지 『생리광학개론Handbuch der physiolo-gischen Optik』의 내용이 부분적으로 나뉘어 출간되다가 1867년에 단행본으로 모아졌다. 1863년 『생리광학개론』이 여전히 나오고 있을 때 헬름홀츠는 『음감각에 대한 이론Die Lehre von den Tonempfindungen』을 출판하였다. 지금 여기서는 『생리광학개론』에 초점을 두고 있지만, 사실 이 두 연구는 똑같이 그 후 수십 년 동안의 시지각 및 청지각에 대한 실험심리학 연구문제들을 규정지었다.

『생리광학개론』에서 헬름홀츠는 색지각에 대한 포괄적 이론과 그 유명한 지각에 대한 무의식적 추론 이론의 제안을 위해 특정한 신경 에너지에 대한 뮐러의 학설을 확장시켰다. 시지각 이론에서 헬름홀츠는 소리와 빛 감각 간의 차이가 청각 및 시각 신경의 특수한 질을 반영하는 것처럼 색 감각은 시각계 내에서 다른 종류의 신경에 의존할지 모른다고 생각하였다. 색 혼합의 법칙이 모든 색상은 결국 세 가지의 일차적 색을 다양하게 혼합하여 얻을 수 있다고 보기 때문에, 헬름홀츠에게는 지각된 색상, 명도, 채도도 세 종류의 시각 신경섬유의 다양한 활동에서 파생되는 것이 틀림없는 것으로 보였다.

헬름홀츠는 지각이론에서 뮐러의 특수 신경 에너지 학설이 감각은 사물과 사상에 직접 접근하지 않고 단지 실재에 대한 신호만 정신에 보낸다는 사실을 의미한다는 인식으로 시작하였다. 이러한 견해로 볼 때 외적 대상과 사상의 특성을 추론하기 위해 감각이 제공하는 정보를 유용화하는 지각자 편에서는, 지각은 능동적이고 무의식적이고 자동적이며 논리적인 과정을 요구한다. 이 점에서 헬름홀츠는 나중의 하향식 인지심리학의 많은 것을 예단하였다.

초기에 헬름홀츠는 심리학에 또 다른 중요한 공헌을 하였다. 그는 다양한 거리에서 근신경을 자극하고 근육 수축에 걸린 시간을 측정하여 신경 충격의 이동속도를 측정하였고, 그 과정에서 부수적으로 반응시간의 기술을 심리학에 도입하게 되었다. 1865년과 1868년 사이에 또 다른 위대한 생리학자 돈데르스Franciscus Cornelis Donders, 1818~1889, [그림 2-14] 참고는 반응시간 절차를 심리학에 동화시켜 정신 조작에 걸린 시간을 연구하는 데 사용하였다.

돈데르스는 네덜란드 남부 틸뷔르흐라는 도시에서 태

[그림 2-14] 돈데르스

어났고, 17세에 의대 학생으로 유트레히트 대학에 입학하였다. 학위를 받자마자 군의관으로 군에 합류했으며, 24세에 유트레히트 대학에 있는 군의과대Military Medical School에서 가르치도록 초빙받았다. 5년 후에 돈데르스는 유트레히트 대학의 특별직 제안을 받아들여 여생을 그곳에서 보냈다.

1865년에 돈데르스는 드 야거Johan Jacob de Jaager라는 학생과 함께 수행한 연구를 보고한 예비논문을 출판하였고, 이를 드 야거의 박사학위 논문 『심리과정의 생리학적 시간De physiologische tijd bij psychische processen』1865에 더 충분히 개괄하였다. 돈데르스는 반응시간은 가산적이라 생각하여 선택과 단순 비선택이란 조건하에서 자극에 반응하는 데 걸린 시간을 따로 측정하였다. 즉, 선택 반응시간에서 단순 반응시간을 감하는 방식으로 결정 과정에 걸린 간격을 계산하였다. 1868년에 독일어로 쓴 고전적 논문 『심리과정의 속도Die Schnelligkeit psychischer Processe』에서 돈데르스는 이 연구와 함께 변별 시간에 관한 연구에 대한 뚜렷한 결과들을 보고하였다. 비록 돈데르스 발견의 구체적 내용이 현대에는 별 흥미가 없을지 모르지만, 정신과정에 걸린 시간을 측정하기 위해 반응 기술을 사용하는 것은 당시 사람들에게는 놀라운 일이었으며 반응시간은 정신물리학과 함께 초기 실험실에서 하나의 선택 방법으로 자리 잡게 되었다.

돈데르스가 반응시간을 연구할 때 아직 하이델베르크에 있던 분트는 실험법에 대한 그의 체계적인 접근에 기초를 제공하게 될 생리심리학 개념을 연구하기 시작하였다. 1867년에 라이데스도르프Max Leidesdorf와 마이네르트Theodore Meynert가 창간한 새 계간 정신의학지에 분트는 초청 논문으로 『생리심리학 분야의 새로운 성과Neuere Leistungen auf dem Gebiete der physiologischen Psychologie』를 발표하였다. 생리심리학의 기치 아래 그는 시각적 공간 지각에 관한 최근 문헌과 정신 조작에 걸리는 시간의 측정을 재검토하였다. 이 검토의 성과로 분트는 1867/1868년 겨울에 생리심리학에 대한 일련의 강의를 하게 되었다. 그는 이 강의를 1872/1873년에 단 한 차례만 더 하였는데, 그 이유는 당시 그가 분트-티히너 전통에 푹 빠져 있던 보링1950이 "현대 심리학의 역사에서 가장 중요한 책"p. 322이라 불렀던 책을 쓰고 있었기 때문이다.

1873년과 1874년에 두 권으로 출간되었던 『생리심리학 원리Grundzüge der physiologischen Psychologie』는 현대 실험심리학에 대한 첫 번째 포괄적인 소개서였다. 보링1950의 말대로 그것은 "한편으로는 분트가 하이델베르크에서 이룬 지적 발전의 실제적 결과와 생리학자에서 심리학자로의 변신을 상징하며, 다른 한편으로는 … 새로운 '독립적인' 과학의 시작"p. 323이었다. 『생리심리학 원리』에서 정교화된 이론이 한 권에서 세 권으로 늘어나는 동안 다섯 번 넘게 중요한 개정을 거치며 바뀌었지만, 분트 체계의 본질적인 구조, 즉 "실험심리학을 위한 그의 위대한 주장" Boring, p. 323은 1874년까지 합리적으로 정립되었다.

그해 분트는 취리히 대학의 요청을 수락하여 1년만 머물고는, 다시 철학과 과장을 맡기 위해 라이프치히 대학으로 옮겼다. 보링1950은 분트가 라이프치히에 도착했을 때 그의 강의에 곁들여 실험시범을 위한 공간이 마련되었다고 주장했으나 그런 취지의 증거는 없다Bringmann et al., 1980. 1875년부터 1879년까지 분트는 새로운 교수직에 수반된 의무에 전념한 것으로 보인다.

그러나 1879년 3월 24일 분트는 왕립 작센 교육성Royal Saxon Ministry of Education에 청원서를 제출하여 정신물리학 연구기기의 구입과 설치를 위한 정기적인 자금의 배당을 공식적으로 요청했다. 비록 그의 요청이 거절되었지만, 그럼에도 불구하고 분트는 일찍이 1879/1880년 겨울 홀G. Stanley Hall과 프리드리히Max Friedrich 두 학생이 "조사연구에 몰두할 수 있도록" 해 주었다Wundt, 1909, p. 1. 이 연

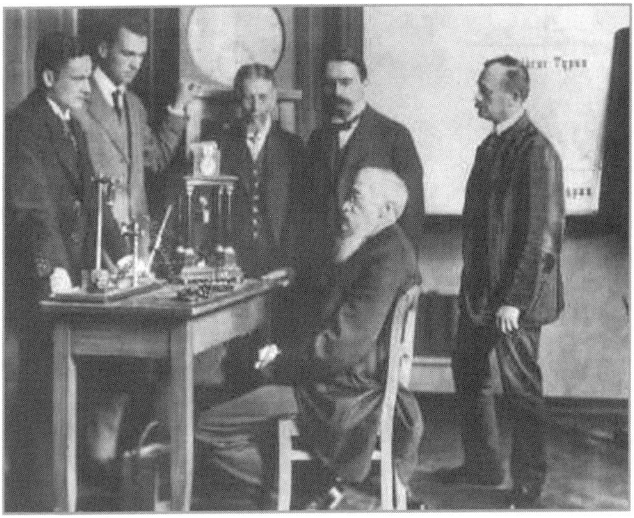

[그림 2-15] 라이프치히 대학의 학생과 동료들에 둘러싸인 분트, 장소는 심리학 연구를 위한 최초의 실험연구실.

구는 분트가 이전에 창고로 사용하도록 할당받은 콘빅트 Konvict 홀의 작은 교실에서 이루어졌다. 비록 변변찮았지만 이 작은 공간은 세계에서 최초로 심리학 연구가 이루어진 실험실이 되었다[그림 2-15] 참고.

페히너에서 시작하여 헬름홀츠와 돈데르스에 의해 성숙된 실험심리학은 분트에 의해 장성하게 되었다. 1917년에 그가 은퇴할 때까지 몇 해 동안 분트는 사실상 '새로운' 심리학의 부모 역할을 하였다. 전 세계, 특히 미국에서 온 학생들은 라이프치히로 가서 실험 기술을 배우고 과학적 심리학의 정신에 물들어서 고국의 대학으로 돌아갔다.

03

미국의 심리학

마음 · 뇌 · 심리: 그 역사와 인물들

03

미국의 심리학

1. 정신, 신체, 문화: 제임스 이전의 미국 심리학

존슨Samuel Johnson, 1696~1772, [그림 3-1] 참고의 『철학 원리Elementa Philosophica』1752와 제임스William James의 『심리학 원리Principles of Psychology』1890 사이 138년 동안 심리학 논쟁에 직접적인 영향을 준 풍부하고도 놀랄 만한 방대한 자료가 미국에서 출판되었다. 『심리학 원리』가 처음 발간된 1890년 이전 350여 명 이상의 저자들이 급속히 성장하는 심리학 연구문헌들에 세 번 이상 기고하였다. 아마 제임스가 이

[그림 3-1] 존슨

저작들 대부분을 알지 못한다고 해도 그것들이 정신의 본질, 신체와 정신 간의 관계, 특이한 정신상태, 정신건강, 정신병에 관한 독특한 미국적 논의의 풍토를 만들었을 것이라는 사실은 분명하다. 그리고 전형적인 미국인인 제임스는 그런 분위기 속에서 지적 성숙을 이루었다.

미국 심리학에 대한 상세한 분석은 지금의 주제를 벗어나고 또 여기서 논할 여지도 없다. 페이Fay, 1939가 그런 시도를 하였지만 그는 주로 정신철학에만 초점을 맞추었고, 그나마 그가 다룬 연구자는 약 350명 중 겨우 60명 정도에 그쳤다. 이 방대한 깊이와 관심의 가치를 보여 주고, 또 심리학 사상이 19세기 말까지 미국 문화에 어느 정도 스며들었는지를 알아보기 위해, 우리는 그중에서 그 저술이 여전히 읽히고 있고 그 견해가 정신 혹은 정신과 육체의 문제에 직접 관련된 소수의 저자에게만 간략하게 초점을 맞출 것이다.

청교도 신학자이자 철학자인 조나단 에드워즈Jonathan Edwards, 1703~1758는 코네티컷 주 이스트 윈저에서 태어나 예일 대학의 존슨 문하에서 철학, 특히 로크의 『인간 오성론Essay Concerning Humane Understanding』을 연구하였다. 1720년 졸업 전에도 에드워즈는 심리학적 관심에서 '인간 정신the Mind'에 대한 짧은 주해를 썼다. 1729년 그는 노샘프턴의 목사직을 맡고이 기간 동안의 에드워즈에 대해 재미있는 상세 내용을 보려면 Tracy, 1980 참조, 20년간 저술활동을 하면서 온전히 칼뱅주의에 대해서만 설교를 했다. 1748년 교구민과의 논쟁으로 노샘프턴에서 면직되어 스톡브리지로 이주했다. 스톡브리지에서 그는 『의지 자유에 관한 현대의 지배적 사상들에 대한 심층 탐구A Careful and Strict Enquiry into the Modern Prevailing

Notions of that Freedom of Will, Which is Supposed to be Essential to Moral Agency, Virtue and Vice, Reward and Punishment, Praise and Blame』를 썼는데, 이 책은 1754년 출간되었다.

많은 사람들이 읽고 토론한 에드워즈의 『심층 탐구 Enquiry』는 버클리의 유심론처럼 청교도 플라톤주의 관념론과 로크의 경험주의의 결합을 담고 있다. 인간의 지적 능력이 신에게서 받은 느낌과 생각의 수동적 수용체이듯이, 의지는 이해를 통해 주어진 동기나 도덕적 명분의 수동적 수용체라는 것이다. 의지 활동은 완전히 이러한 이유로 결정되고, 이 동기적 명분이 신에 의해 부여되므로 인간의 의지는 신에 의해 결정될 것이라는 것이다. 자유란 단지 활동에 장애가 없는 상태다.

의사이자 애국자이며 독립선언문 서명자인 러시 Benjamin Rush, 1746~1873는 필라델피아에서 태어나 뉴저지 대학현재의 프린스턴 대학에서 교육받았다. 1766년부터 1768년까지 그는 에든버러 대학의 컬렌William Cullen 문하에서 의학 공부를 하였고, 그곳에서 레이드의 학부 심리학을 접하게 되었다. 1769년 고국으로 돌아온 후 필라델피아 대학후의

[그림 3-2] 러쉬의 안정의자, 가장 철저한 환자 구속 장치

펜실베이니아 대학의 교수직을 맡았다. 의사인 그는 이론 및 치료 혁신으로 정신의학에서 가장 잘 알려져 있지만[그림 3-2] 참고, 스코틀랜드 전통과 하틀리David Hartley의 생리학적 연합주의의 영향 아래 몇몇 세대의 미국 학생들에게 자기 특유의 생리심리학을 정교화하여 가르쳤다상세한 자서전적 내용을 보려면 Rush, 1948 참조.

1786년 2월 27일 프랭클린Benjamin Franklin의 간청으로 러시는 미국철학회에서 연설을 하게 되었는데, 이것이 『도덕적 능력에 대한 신체요인의 영향에 대한 연구An Enquiry into Influence of Physical Causes upon the Moral Faculty』로 출판되었다. 러시는 도덕 기능을 스코틀랜드 철학자 방식으로 "선과 악을 구분하고 선택하는 인간의 정신력"p. 1이라고 규정했기 때문에, 도덕적 행동과 도덕적 의견 혹은 양심 간에 뚜렷한 구분을 하였다. 그리고 더 나아가 지력에 대한 유추로 뇌의 크기, 유전, 질병, 온도, 기후, 음식, 음료, 약물과 같은 물리적 원인이 도덕 기능의 실행에 영향을 줄 수 있다는 것을 보여 주려고 하였다. 프리처드J. C. Prichard가 '도덕적 광기' 라는 말을 도입하기 약 50년 전에

러시는 도덕 기능의 부분적 혹은 약화된 행동이나 부재에 대해 각각 '약율micromia'과 '무율anomia'이라는 용어를 제안하고, 그러한 결함은 심리치료를 받을 부분이라고 주장하였다.

의사인 패리시Joseph Parrish, 1779~1840, [그림 3-3] 참고는 필라델피아에서 태어나 위스타Caspar Wistar 문하에서 의학을 공부하고 1805년 펜실베이니아 대학에서 『신체에 미치는 격정의 영향에 대한 학위 논문Inaugural Dissertation on the Influence of the Passions upon the Body』으로 의학박사학위를 받았다. 이

[그림 3-3] 패리쉬

예외적인 소논문은 생리적 효과와 치료 가능성을 기초로 하여 격정을 두 범주로 나누는 그 시기의 일반적인 정신 신체 관계 개념, 즉 심장과 동맥의 힘이 증가하여 자극으로 작용하는 것과 신체를 약화시켜 가라앉는 효과를 산출하는 것으로 분류하는 생각을 넘어서는 것이었다. 패리시는 환자에 알맞은 강도의 용량으로 사용하면 격정이 심리치료에 효과적으로 이용될 수 있다고 주장하였다.

의사이자 교육자, 발명가, 법률가, 저널리스트였던 뷰캐넌Joseph Buchanan, 1785~1829은 버지니아 주의 워싱턴 카운티에서 태어나 1795년에는 테네시 주, 1804년에는 켄터키 주로 이사했다. 그가 받은 정규교육은 14개월간의 초등 및 중등교육, 트랜실베이니아 대학에서의 1년이 전부이지만, 그 대학에서는 그의 개별 독학과정에 의거하여 학사학위를 수여하였다. 트랜실베이니아에서 그는 브라운Samuel Brown 박사 문하에서 의학을 공부하였는데, 브라운 박사는 그에게 에라스무스Desiderius Erasmus, 다윈Charles Darwin, 흄, 로크, 하틀리의 저서를 소개하였다뷰캐넌의 생애와 연구에 대한 상세 내용을 간략히 보려면 Adams & Hoberman, 1969 참고.

트랜실베이니아 의과대학 교수직을 맡게 될 것이라는 기대로 뷰캐넌은 생리심리학에 대한 자신의 견해를 명확히 하는 일련의 강의를 집필하였다. 이것을 그는 1812년 『인간본성에 대한 철학The Philosophy of Human Nature』으로 출판하였는데, 이는 의심의 여지없이 제임스 이전 심리학에 가장 미국적독자적 공헌을 한 연구다. 벨이 『뇌의 최신 해부학에 대한 견해Idea of New Anatomy of the Brain』를 개인적으로 유포한 지 단 1년 후, 그리고 브라운의 『정신철학강의Lectures on the Philosophy of the Human Mind』가 나오기 8년 전, 푸르키네의 『감각생리학 관찰연구Beobachtungen und Versuche zur Physiologie der Sinne』가 있기 12년 전, 그리고 뮐러가 특수 신경 에너지 학설을 분명히 하기 14년 전 미국 땅에서 출간된 뷰캐넌의 『인간본성에 대한 철학』은 놀랍게도 관념연합 심리학, 시각적 현상주의, 감각-운동 심리생리학의 이후 발전에 선구적인 것이었다.

많은 독창적인 공헌 중에서도 뷰캐넌은 대개 브라운의 공으로 생각되는 '연습의 법칙Law of Exercise'을 명쾌히 정리한 최초의 인물로 보인다. 그는 "모든 활동이나 흥분

과정은 그 활동 빈도와 강도에 비례한다." p. 71라고 하였다. 감각에 대한 그의 관점은 그 나름의 시각 실험의 현상학에 대한 보고에서 나왔다. 그는 "흥분은 자극과 흥분성에 비례한다. 그리고 … 반복에 의해 증가된다." p. 92라고 주장하였다. "감각적 흥분의 모든 과정은 자극이 제거되고 난 후에도 계속되는 경향이 있고, 이러한 경향은 흥분의 잔류량과 선행자극의 격렬함에 비례한다." p. 96는 것이다. 마지막으로 "정신은 물질의 유기적 상태" p. 3라고 주장하는 사람들과 함께 '흥분'을 "조직화된 물질의 특성 … 자발적이고 적절한 모든 행동의 원천이다." p. 51라고 규정하고, '자극'의 개념을 "외적 동인에 의해 가해진 활력체에 대한 영향력의 변화" p. 58라고 묘사하여 뷰캐넌은 베인이나 스펜서가 태어나기 이전에 벌써 감각-운동 연합주의를 위한 개념적 선행조건의 틀을 잡았다.

철학자이자 교육자인 업햄Thomas Cogswell Upham, 1799~1872은 뉴햄프셔 주 디어필드에서 태어나 다트머스 대학과 안도버 신학대학에서 교육받았다. 1824년에 안도버를 졸업하고 3년 후 업햄은 보든 대학의 정신철학 및 윤리철학 교수로 임명되어 1867년 은퇴할 때까지 있었다. 보든에서의 업햄 강의의 결과는 『주지철학요소Elements of Intellectual Philosophy』로 구체화되었는데, 이 책은 여러 모양과 편집을 거치면서 50년 동안이나 미국 전역에서 두루 사용되었다.

업햄의 『주지철학요소』 첫 13장은 1826년에 예비 인쇄판으로 나왔고, 1827년에 완본이 나왔다. 초판에서 업햄은 정신 활동에 대한 단일 체계를 제공하려는 유혹과 맞서 싸웠다. 그러나 그 책을 『정신철학요소Elements of Mental Philosophy』라는 제목의 두 권으로 확장하면서 그는 지성과 감성이라는 용어로 이원적 체계를 채택하였다. 『의지론Treatise on the Will』을 발표한 1834년 이후 업햄은 3원 체계로 분류를 바꾸었고, 이 체계는 1869년 『정신철학요소: 지, 정, 의 3영역Elements of Mental Philosophy; Embracing the Three Departments of the Intellect, Sensibility, and Will』에서 최종 형태를 드러내게 되었다.

전반적으로 절충적인 입장의 업햄은 그의 교과서 초판을 위한 주요 영감을 로크와 레이드에게서 얻었지만, 이후

판에서는 브라운의 입장쪽으로 더 많이 기울었다. 그가 의지를 다루는 방식은 칼뱅주의 선조들에게서 물려받은 존재론적인 결정론과 정신적 자유에 관한 의식상의 증거 간에 타협을 이루려는 시도를 보여 주었다. 확실히 업햄이 미국적 사고와 문화에 가장 중요하게 공헌한 것은 여러 세대에 걸쳐 미국학자들에게 인간의 의식적 경험에 대한 탐색을 심리학적 이해의 원천으로 소개한 것일 것이다.

라이먼 비처Lyman Beecher의 딸이자 해리엇 비처 스토Harriet Beecher Stowe와 핸리 비처Henry Beecher의 남매이며, 작

[그림 3-4] 비처

가, 교육자, 그리고 전업 주부인 캐트린 에스더 비처Catherine Esther Beecher, 1800~1878, [그림 3-4] 참고는 국가 도덕의 감시인으로서의 19세기 미국 여성에 대한 이미지를 만들어 내었다. 그녀는 롱 아일랜드 주의 이스트 햄튼에서 출생했으며, 코네티컷 주의 리치필드에 있는 미스 피어스 학교에서 교육받았다. 1823년에 약혼자가 선박 사고로 익사한 후비처의 화려한 자서전을 보려면 Sklar, 1973 참고 그녀는 동생 메어리와 하트포드로 이사해 신학교를 세웠다.

하트포드에서 그녀는 학생들을 위해 익명의 저서 『경험과 이성과 성서에 기초한 정신 및 도덕철학요소Elements of Mental and Moral Philosophy, Founded Upon Experience, Reason, and the Bible』를 출간하였다. '구원받기 위해 우리는 무엇을 해야 하는가' 라는 질문의 답과 마음의 계율에 따른 성경 해석 입문서를 추구하였기 때문에, 비처는 심리학적 분석을 신학적 주제에 직접 적용한 최초의 인물 중 한 사람이 되었다. 연구가 인정될 것이라는 확신이 없음에도 그녀는 그 책을 인쇄하고 제본하여 비판적 서평을 구하기 위해 당대의 지도적 신학자들에게 보냈다. 불행히도 그녀의 두려움은 사실로 나타났고 반응은아마도 그 내용으로 보아 책의 저자가 여성이라는 것에 더 유발된 듯 비처가 그 책을 회수해야 할 정도로 너무 비판적이었다. 다시는 출판되거나 팔리지 않았기 때문에 비처의 『정신 및 도덕철학요소』는 미국 심리학 역사에서 매우 희귀한 책 중 하나가 되었다.

정신과 의사인 브라이엄Amariah Brigham, 1798~1849, [그림 3-5] 참고은 매사추세츠 주 뉴 말보로에서 태어나 피트Edmund C. Peet 박사에게서 의학을 공부하였고 매사추세츠 주 엔필드에서 개업하였다. 1828/1829년에는 영국, 스코

[그림 3-5] 브라이엄

틀랜드, 프랑스, 이탈리아에서 강의하고 여행하는 것으로 1년을 보냈다. 다시 돌아온 지 2년 후 하트포드로 갔는데, 그곳에서 하트포드 요양원 감독자인 토드Eli Todd와 접하게 되었다. 브라이엄의 심리치료적 견해는 영국과 프랑스인의 저술에 나타난 윤리적심리적 치료의 도입과 토드의 정신병자 치료에서의 실제적 접근을 결합한 것이었다브라이엄의 일생과 연구에 대한 간략한 개관은 Carlson, 1956 참고.

1832년에 브라이엄은 『정신개발이 건강에 미치는 영향 연구Remarks on the Influence of Mental Cultivation upon Health』를 발표하였다. 당시에는 인간의 신경계가 점점 복잡해지는 '현대적' 생활에 잘 적응하지 못하여 그 결과로 정신이상이 증가한다는 두려움이 커지고 있었다. 브라이엄의 연구는 대중을 위해 편찬된 정신 위생에 공헌한 첫 저작이었다. 그 책은 '정신 이상의 증가 흐름을 막기 위해' 쓰였기 때문에 일반 독자에게 적절한 아동교육, 정신적 과다흥분의 위험, 여성 교육의 향상 필요성을 제기하였다. 처음으로 정신건강 유지의 중요성이 미국 문화적 관념의 일부분이 된 것이다.

포양Charles Poyen de Saint Sauveur, 연대미상은 1836년 프랑스에서 미국으로 온 사람으로, 퓨이세이그Armand-Marie-Jacques de Chastenet, Marquis de Puységur의 문하생이며 자칭 동물최면 교수였다. 그의 초창기 생애에 대해서는 알려진 것이 없는 것 같다. 미국에서의 경력이 알려진 것은 거의 전적으로 1837년에 출판된 『뉴잉글랜드에서의 동물최면의 발달Progress of Animal Magnetism in New England』을 통해서다. 미국에 도착한 포양은 동물최면 강의와 시범을 보이며 뉴 잉글랜드를 여행하기 시작하였다. 청중 중에서 자원자를 무대로 부른 포양은 혼수상태를 유발하고 그와 관련된 현상들을 일으키는 일에 자주 성공하였다. 이러한 최면 오락의 서커스 같은 분위기가 최면술에 대한 과학적 신뢰 확보에 도움이 되지 못한 반면, 풀러Fuller, 1982의 주장처럼 포양의 강의-시범 사례들은 "인간의 본성에 관한 '새로운' 사실을 이용해 효과적으로 대중의 상상을 자극하였다." p. 19

무대 최면이 확산되면서 기성 종교에서 벗어나 자기 발전, 이전에는 숨겨졌던 인간 정신력의 탐색, 고차원의 영적 상태 및 영적 힘과의 초월적 접촉신, 영기, 최면 유동체, 우주의 진동을 통한 내적 조화의 달성을 강조하는 심미적인 종교성 쪽으로 옮겨 가는 훨씬 더 넓은 미국 문화 운동의 일부가 되었다. 1848년 뉴욕 주 하이드빌에서 시작하여 1870년대까지 1,100만 명이 넘는 추종자를 모았던 스웨덴보리주의Swedenborgianism, 보편구제설Universalism, 심령술spiritualism은 최면술에서 고등 영역과 마음의 관계에 관한 적절하고도 과학적인 해석을 발견한 듯하였다. 큄비Phineas Parkhurst Quimby, 이러한 발전에 대한 상세 내용은 Fuller, 1982 참고의 연구에서 비롯된 심리치료Christian Science, New Thought 역시 간접적으로 포양에게서 나온 것이었다. 왜냐하면 큄비가 최면술에 처음으로 흥미를 느끼게 된 것이 포양의 메인주의 벨파스트 시에서의 무대 시범 때문이었다. 1870년대 후기까지 심리 현상, 영적 집회, 최면의 몽환 상태, 정신 치유는 교육을 가장 많이 받은 미국인에게 친숙한 현상이 되었다.

리코드Elizabeth Ricord, 1788~1865는 롱아일랜드에서 태어나 개인교육을 받았다. 1829년에 시작하여 『사고와 감정의 발달에 응용된 정신철학의 요소Elements of the Philosophy of Mind, Applied to the Development of Thought and Feeling』가 출판된 1840년에 이르기까지 리코드는 뉴욕 주 제네바에 있는 제네바 여자신학교의 교장을 지냈다. 그녀의 『정신철학의 요소』는 정신 철학 강의를 위해 리코드가 모아 둔 쿠쟁Victor Cousin의 연구에서 비롯된 것이 많다리코드의 생애와 연구에 대한 논의를 더 보려면 Scarborough, 1992 참고.

그 시기에 리코드의 연구를 실제 독특하게 만든 것은 성격의 성차, 특히 끈기 있게 주의를 기울이는 습관에 있어서 여성의 지각 결핍에 관심을 표현한 것이다. 그녀는 그 이유를 다음과 같은 사실에 돌렸다. “여성 마음의 첫 번째 지각은 가정적인 일의 사소한 것에 가 있다. … 여성교육을 위해 채택된 제도는 어떤 의미에서 여성이 성격형성에 필요한 학업을 못하게 한다. … 과학을 공부하도록 그들에게 배당된 시간은 그들이 인생 후기에 변덕스러운 환상에 저항하도록 도울 수 있을 정도의 안정적인 사고 습관을 확립하기에는 충분하지 않았다.”p. 134 리코드는 비처처럼 교육을 통한 여성의 지위향상에 헌신하였고, 비처처럼 정신에 대한 연구를 그러한 노력을 위한 출발점으로 삼았다.

일반적으로 미국의 첫 번째 체계적 철학자로 간주되는 히콕Laurens Perseus Hickok, 1798~1888은 코네티컷 주 베델에서 태어나 유니언 대학에서 교육받았다. 1855년에서 1866년까지 그 대학의 정신 및 윤리 철학 교수로 재직했으며, 1866년부터 1868년에 퇴직할 때까지 총장을 지냈다. 히콕이 자신의 철학 체계의 기초로 삼았던 원칙은 사고의 합리적 모형과 경험적 모형의 기본적인 양립 가능성이었다. 관념은 경험적 영역에서 실험 결과에 의해 검증되고 이론적 영역에서는 내적 결합에 의해 검증되는 반면, 두 가지 방법 모두 적절히 수행된다면 동일한 사실과 원칙에 이르게 할 것이기 때문에 하나의 접근을 선호하여 다른 접근을 거부해서는 안 된다는 것이다. 이러한 원칙을 고수하며 히콕은 『이성심리학Rational Psychology』 1849과 『경험심리학Empirical Psychology』 1854을 출판했다. 인간의 정신작용에 관한 전면적인 내성적 연구인 후자는 업햄의 연구와 함께 한동안 학자들에게 의식 현상의 연구를 소개하는 데 이바지하였다.

[그림 3-6] 포터

성직자이자 철학자, 교육자인 포터Noah Porter, 1811~1892, [그림 3-6] 참고는 코네티컷 주 파밍턴에서 태어나 예일 대학에서 교육받았다. 1846년에 그 대학의 윤리 철학과 형이상학을 위한 '클라크 교수'가 되었고, 1871년에는 총장이 되었다. 1853년 이전까지 포터의 심리학은 스코틀랜드 정신 철학을 주로 도입하여 미국학계를 지배했다. 그러나 1853/1854년 겨울 베를린 대학에서 연구하면서 그는 트렌델렌부르크Friedrich Adolf Trendelenburg, 셸링Friedrich Wilhelm Joseph von Schelling 및 현대의 독일사상과 접촉하게 되었다.

독일에서 돌아온 그는 과학적 심리학의 인식론에 기초를 둔 작업, 즉 블로Blau, 1967가 "윌리엄 제임스 이전 영국 심리학에 대한 최고의 저술"p. 413이라 불렀던 책인 『인간의 지력The Human Intellect』이라는 책의 출판을 가능하게 한 프로그램에 착수하였다.

트렌델렌부르크에게 헌정한 『인간의 지력』에서 포터는 헤르바르트Johann Friedrich Herbart의 의식학설을 포함하여 영국의 연합주의와 독일의 철학적 심리학을 확장시킨 견해를 보여 주었다. 여기에다 그는 촉각에 대한 실험의 개요, 뮐러Johannes Müller의 감각지각이론, 로체Lotze의 국부신호이론을 첨가하고 있다. 의식에 대한 내성적 분석에 의존해야 했던 당시 상황에서 심리학을 실험과학이라 생각할 수는 없었지만, 그럼에도 불구하고 포터는 내성적 분석에 부수적으로 생리학적 실험 자료들을 일관되게 다룬 최초의 미국 철학자였다.

의사이자 교육자인 클라크Edward Hammond Clarke, 1820~1877는 매사추세츠 주 노턴에서 태어나 하버드 대학에서 교육받았으며, 1846년 필라델피아 대학에서 의학

학위를 받았다. 여러 곳을 여행하고 보스턴에 의원을 개원한 후 클라크는 하버드 의대 약물학 교수로 임용되어 죽기 5년 전인 1872년에 개인 진료로 돌아올 때까지 그 자리를 유지하였다.

클라크는 죽을 때 베인Alexander Bain, 카펜터Willian Benjamin Carpenter, 페리에David Ferrier, 분트Wilhelm Wundt의 연구에 기반을 둔 철저한 관념연합론적, 생리학적 심리학의 입장에서 분석한 시각적 환상의 본질과 기원을 다룬 미완성 원고를 남겼다. 사후 홈즈Oliver Wendell Holmes가 출판을 준비한 클라크의 원고는 1878년에 『시각론: 환각에 대한 연구Visions: A Study of False Sight(Pseudopia)』라는 제목으로 발간되었다.

『시각론』에서 클라크는 몇몇 기본적인 전제들을 분명히 하였다. 즉, 시각적 환상은 정상적인 시각 과정의 측면에서 이해되어야 한다는 것, 정상적인 시각은 뇌의 상위 센터에 위치하는 복잡한 일련의 신경연결의 반사적이고 자동적인 활동을 포함한다는 것, 그리고 "이상적인 조건에서는 외적 대상 없이도 뇌에서 일어나는 자극이 시각 중추를 자극하고 또 거기서 진행되는 일련의 시각 과정을 결정지을 수도 있다." p. 220는 전제였다. 이러한 전제를 기초로 하여 그는 일종의 심리 현상, 즉 많은 사람들이 흥미있어 하는 시각적 환상을 당시로서는 놀라울 정도로 현대적이고 생리학적인 방식으로 설명하였다.

의사였던 비어드George Miller Beard, 1839~1883는 코네티컷주 몽빌에서 태어나, 1862년엔 예일 대학, 1866년엔 뉴욕의대를 졸업하였다. 학위를 받고는 즉각 신경계 질병을 전공하기로 마음먹었다. 1868년 그는 뉴욕 대학에서 신경질환에 관한 강의를 시작하고, 1년 뒤 1869년에는 『보스톤 의료수술지Boston Medical and Surgical Journal』에 그를 세계적으로 유명하게 만든 질환인 신경쇠약증을 처음으로 기술 발표하였다. 그 후 1880년에 이 질병의 증후, 특성, 치료에 대한 고찰을 확장한 『신경쇠약에 관한 실천 연구A Practical Treatise on Nervous Exhaustion(Neurasthenia)』가 나왔다.

비어드는 36개의 신체 및 정신 증상불면증, 감각과민증, 통증, 이명, 두통, 주의 통제 불능, 정신과민, 무력, 병적 공포을 모아서 신경쇠약증으로 명하고, 이를 '기능적' 신경장애로 특징지었다. 이로써 그는 그 질환이 존재한다는 사실 자체와 그 밑에 깔

려 있는 유기적 병리의 확인에 대한 신념을 표현하려고 하였다. 당시 은유를 사용하여, 비어드는 신경쇠약증을 일정량의 신경적 힘을 가진 폐쇄회로로 간주된 신경계 내에서의 힘의 감소 혹은 완전 고갈로 개념화하였다. 유전적으로 신경 에너지가 부족한 사람들은 복잡하고 압박이 많은 19세기 삶을 살면서 일종의 회로 과부화를 겪었는지도 모른다. 개인의 요구에 맞춘 치료에는 음식, 휴식혼자 또는 함께이나 일, 마사지, 수치료학, 완화제, 하제, 반대염성 자극제, 내과 약물, 심리치료, 전기치료[그림 3-7] 참고 중 몇 가지가 결합되어 사용되었다.

역사가 로젠버그Rogenberg, 1962가 논평했듯이 "1883년 비어드가 죽은 지 10년 안에 신경쇠약이라는 진단은 대부분의 의사에게 다반사가 되었다."p. 258 정신과 신경계 기능 간의 독특한 관계에 관한 문제는 더 이상 철학자와 과학자에 한정되지 않았다. 신경쇠약은 최면의 몽환 현상, 영매 심령술, 환각, 정신 이상, 정신건강, 심리 현상, 정신 치유, 의식에 존재하는 것으로서의 정신과 의지의 본질과 함께 교양 있는 미국인 사이에서 일반적으로 통용되는 용

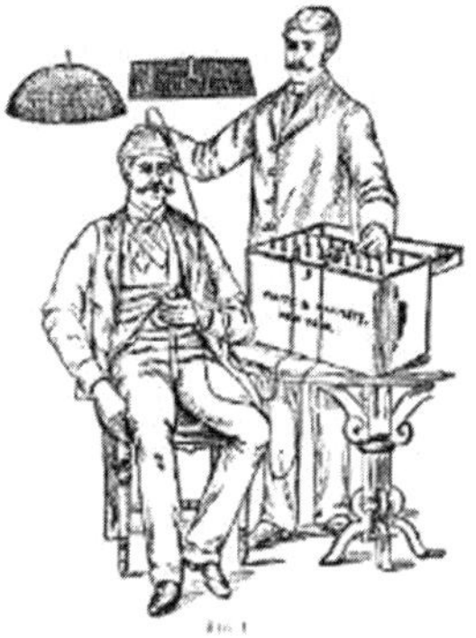

[그림 3-7] 전기치료는 비어드가 추천한 여러 가지 신경쇠약 치료법 중 하나였다. 이 그림의 출처는 그의 『신경쇠약에 관한 실천연구』 5판$_{1905}$이다.

어가 되었다. 제임스가 1878년에 『심리학 원리』를 쓰기 시작한 것은 바로 이러한 문화 환경에서였다.

2. 생물학적 의식과 초월 경험: 제임스와 미국 기능 심리학

유진 테일러(Eugene Taylor)
하버드 의대
(저자의 허락을 받고 재구성하였음)

돌이켜 보면 19세기 후반의 대중문화와 고등문화에서 정신/신체 문제에 속하는 모든 경향은 미국의 철학자요, 심리학자인 제임스1842~1910, [그림 3-8] 참고의 기능주의에서 정점에 달했던 것 같다. 1842년 뉴욕의 한 호텔에서 태어난 그는 괴짜 종교 철학자인 헨리 제임스 1세Henry James, Sr.의 장남이었고 소설가 헨리 제임스Henry James의 형이었다. 제임스는 1861년 로렌스 과학부에 들어가며 하버드 대학에서 정규 교육을 받기 시작하기 전까지는 수 개 국어를 쓰는 개인 교사, 임시교사, 미술 교사 등에 의해 유럽과 미국에서 조기교육을 받았다.

제임스는 무엇보다도 이전 윤리 철학의 계승자였다. 위대한 콩코드의 현자, 에머슨Ralph Waldo Emerson, 1803~1882이 그의 대부요, 아버지의 절친한 친구였다. 『위인론 7강Representative Men: Seven Lectures』에서 에머슨은 성격형성의 직관적 심리학을 설교했고 초월주의를 개인의 성격 내에 있는 고차원 의식의 실현으로 규정하기 위해 종교적이고 신비한 스웨덴보리Emanuel Swedenborg의 해석을 비중 있게 차용하였다. 제임스는 이렇듯 스웨덴보리주의와 초월주

[그림 3-8] 제임스

의적 문학적 심리학의 후계자였지만 헨리 제임스의 『스웨덴보리의 비밀(The secret of Swedenborg)』과 윌리엄 제임스 편집의 『고 헨리 제임스의 문학적 유산(Literany Remains of the Late Henry James)』 참고, 그는 어쩔 수 없이 그 문학적 심리학의 종교적 인식론을 버리고 그 시대의 더 엄격하고 과학적인 명령에 따라야 했다.

그래서 우선 그는 종의 생물학적 진화를 가능하게 하는 힘으로서의 의식의 옹호자가 되었다. 1860년대에 그는 젊은 의학도로서 하버드에서 다윈주의자들을 지지하였고, 정신 생활에서의 자연도태의 효과에 대한 저술로 저술 경력을 시작하였다. 그는 의식이 변이와 선택의 법칙을 따른다는 것을 알았다. 예술과 문학을 하는 정서적으로 고조되기 쉬운 직관적인 유형의 인물들, 마음이 쉴 새 없이 작동하여 다른 사람이 놓치기 쉬운 유추를 해낼 수 있는 천재, 연합이 자유로운 독창적인 사상가는 모두 의식이 선택할 수 있는 관념을 가장 많이 보유하고 있는 인식의 장場임을 대표하는 사람들이다. 합리성과 감각세계의 경험적 정언은 적응적인 것과 아닌 것을 선택한다. 이런 방식으로 전체로서의 경험은 종의 보존에서 잠재적인 힘으로 간주된다.

하버드의 젊은 심리학 교수로서 제임스는 의식 연구를 실험심리학에 정착시켰다. 제임스는 하버드 의과대학의 보디치Henry Pickering Bowditch, 퍼트남James Jackson Putnam과 협력하여 기능의 국재화에 대한 논쟁을 결정짓기 위해 마이네르트Theodor Meynert와 프리치Gustav Theodor Fritsch 및 히치히Eduard Hitzig의 실험을 재연하였다. 그는 베인 및 영국 연합주의 연구를 관념 운동성으로 확장하여 생물학에 기초를 둔 본능 이론을 정립하였고, 이를 정서와 습관의 심리적 발달과 연결지었다. 또한 혼란스럽고 소란스러운 외부 자극에 대한 우리 주의의 이동은 대개 개인적 관심에 따라 달라진다는 진화론적 입장을 주장함으로써, 그는 헬름홀츠Hermann von Helmholtz와 분트의 정신물리학을 넘어서서 지각에 대한 정신물리학적 이해를 상징적 의미의 영역과 연관 지었다.

그의 연구 경력이 정점에 도달할 무렵인 1890년에 제임스는 이 학문 분야에서 여전히 사용되고 있는 가장 중요한 교과서인 두 권의 『심리학 원리』[그림 3-9] 참고를 펴냈

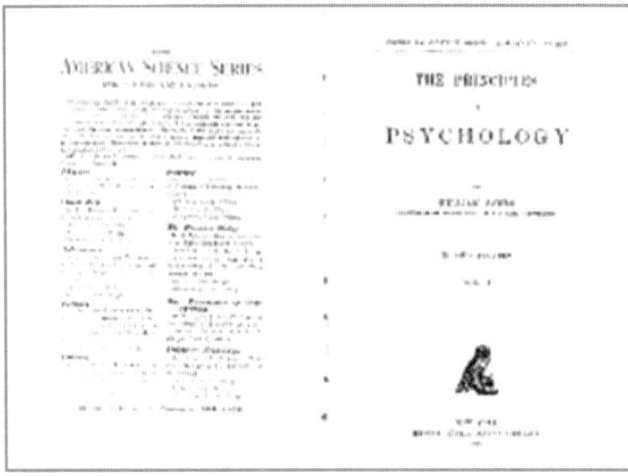

[그림 3-9] 제임스의 『심리학 원리』는 지금까지 심리학 분야의 가장 위대한 저술 중 하나다. 제임스의 대표작에 대한 열렬한 기대에도 불구하고 첫 번째 판은 크기가 작고 희귀본이 되었다. 이러한 사실은 총서 이름이 쓰인 페이지에 'Principles of Psychology'의 'Psychology'에 하이픈을 넣어 두 줄로 나뉜 것으로 확인된다.

다. 그 책에서 그는 주의의 중심에 있는 대상에 몰두하는 것에 대한 내용으로 시작하여, 심리학이 의식에 대한 인지심리학을 중심으로 발달한다고 주장하였다. 사고의 흐름은 그가 가장 즐겨 사용하는 은유가 되었다. 그러나 관념은 결코 분리되어 존재하지 않는다. 사고에 영향을 끼치고 계속 가슴을 두근거리게 하는 것은 사고의 정서적

톤이다. 여기서 그의 관계 이론이 나타났다. 대상이 경험될 수 있는 것처럼 대상 간의 관계도 마찬가지다. 그래서 그는 어떤 이론 심리학도 사고와 정서의 흐름 둘 다를 설명해야 한다고 말하였다.

『심리학 원리』를 출판하고 국제적으로 호응을 받은 직후 제임스는 그의 관심을 태도의 역할과 건강 및 질병의 가치로 돌렸다. 특히, 1890년에서 1902년 사이에 그는 실험적 정신병리에 대한 프랑스 및 독일 문헌을 검토했으며, 최면과 자동 쓰기 그리고 1880년대 후반에 시작한 해리 현상에 대한 실험을 계속 수행하였다. 그는 프랑스 실험심리학의 잠재의식에 관한 최근 발전을 소개하는 역할을 하였고, 정서 병리학에 관련된 문제에 대해서는 자네Pierre Janet 및 리보Théodule Ribot와 서신을 주고받았다. 그는 직업 의료인의 공격에서 미국 심령 치료자들의 심리치료 사용을 열렬히 방어하였다. 그리고 1893년부터 1896년까지 그는 하버드에서 정신병리에 대한 수준 높은 대학원 세미나를 가르쳤는데, 이로써 과학적 심리치료 연구의 후속 연구자 세대에게 영향을 미치게 되었다.

이 시기의 가장 중요한 작업은 이전에 출판되지 않았던 1896년의 『예외적 정신 상태Exceptional Mental States』에 대한 로웰 강의 시리즈였다. 그 개별 강의 제목은 꿈과 최면술, 자동 현상, 히스테리, 다중 인격, 귀신 들림, 주술, 퇴화, 천재성이었다. 첫 네 개의 화제는 제임스를 잠재의식에 대한 현대적 역동 심리학의 대가로 자리 잡게 하는 한편, 나머지 화제는 사회적 영역에서 잠재의식의 병리적 작용을 상세히 다루고 있다.

그의 주요 쟁점은 경험이 단지 깨어 있는 자각과 무의식이라 불리는 애매한 영역 그 이상의 것을 포함한다는 것이었다. 오히려 성격은 여러 개의 상태로 구성된 복합적인 것이었다. 깨어 있는 의식은 여러 상태 중 하나의 상태일 뿐이고, 그 중요성이 외부세계에서 생물학적 유기체의 생존을 위한 것일 뿐이라는 것이다. 다른 수준에 있는 인간 경험의 영역 또한 깨어 있는 의식과 함께 동시에 존재하는 것이었다. 사실 의식은 초점과 주변이 있는 하나의 장場이었다. 주의의 중심에 있는 대상은 동일하게 있는 반면, 지각의 바로 그 기반은 지각에 대한 표준적인 과학적 설명이 밝힐 수 없었던 방식으로 피로, 심리적 외상, 정신내적 갈등을 통해 급격히 변하게 될지도 모른다는 것이다. 이러한 발견들의 함의가 이번에는 다시 과학에 대한 제임스의 생각을 바꾸게 되었을 것이다.

한편, 1902년 『종교적 경험의 다양성Varieties of Religious Experience』에서 망가진 삶을 재건할 때 초월 경험의 역할을 연구하면서 제임스는 정신/신체에 대한 생각에서 한 발 더 진보하게 되었다. 거기서 그는 종교의 중요성은 개인의 경험에 있다고 하였다. 그에게 잠재의식이란 우리가 신비하다고 부르는 변환 경험이 나타나는 관문으로, 거기서 다시 지성이 도출되는 일시적이고 수동적인 상태인 것 같았다. 그것들이 무엇이든 이러한 상태가 나타나면 인성은 영구적으로 바뀐다는 것이다. 그러나 이들 경험의 적합성은 삶의 성과라는 면에서만 검증될 수 있다고 주장하였다.

1890년에 벌써 의식이 실험적 증거와 생생한 증언으로 확증되어야만 한다는 이러한 새로운 개념은 과학적 심리학이 어떻게 정당하게 이행되어야 할 것인가에 대한 제임스의 생각을 바꾸기 시작하였다. 1890년대를 지나면서 심리학에서의 연구가 축적됨에 따라 제임스는 과학적 유물론의 주권에 도전하기에 충분히 복잡하다고 믿는 철학적 인식론을 발전시켰다.

이러한 비판의 기초, 그리고 그가 영국 경험주의자와 퍼어스Charles Sanders Peirce의 실용주의 두 가지를 연구한 논리적 결과는 급진적인 경험주의 형이상학이 되었다. 제임스는 자신이 경험적 사실에만 제한을 두고 있기 때문에 그의 접근방법이 경험적이라고 말하였다. 그러나 그의 접근이 급진적인 것은 과학이 실제로 경험할 수 있는 것이라면 그 어떤 현실 측면도 무시하지 않기를 요구했다는 점 때문이다. 그의 철학이 역점을 두어 다루고자 했던 주된 문제는 주체와 객체 간의 기본적인 이분법이었다. 객관적 심리학이 발생하기 위해서는 주관적 요인이 제거되어야 했다. 심리학자가 할 일은 훌륭한 과학이 실증적이라고 주장하는 것이었다. 즉, 물리 현상에 대한 형이상학적이거나 초자연적인 설명을 찾는 게 아니라 우리가 알고자 했던 모든 것은 지성과 감각을 통해 알 수 있다고 생각하는 것이었다.

제임스는 이러한 입장에서 『심리학 원리』를 쓰기도 하였지만 정서와 잠재의식에 대한 실험적 정신병리에서의 증거는 그로 하여금 그 문제를 다시 생각하게 하였다. 1890년대 중반 그는 어떤 과학 이론도 형이상학에서 자유롭지 못하기에 실증적인 과학을 형이상학에서 분리하기 위한 계획을 포기해야 한다는 견해를 처음으로 발표하였다. 예를 들어, 실증주의는 그 자체로 물리주의의 형이상학, 즉 물리적 세계가 어떻게 연구될 수 있는지에 대한 일련의 예상된 가정에 기반을 두고 있다는 것이다.

그러나 이러한 새로운 사고는 제임스에게 새로운 두 가지 문제를 제기하였다. 첫째는 만약 의식이 대상과 독립된 기능이 아니라고 한다면 의식은 무엇인가 하는 것이고, 둘째는 실재가 다양한 의식 상태의 함수라면 충돌하는 진실 주장을 어떻게 조정하는가 하는 것이었다. 제임스는 1904년 『의식은 존재하는가?Dose consciousness exist?』라는 논문에서 첫 번째 질문에 대답하였다. 그 논문에서 그는 의식이 독립적인 실체로서가 아니라 개별 경험들의 기능으로 존재한다고 주장함으로써 철학자와 심리학자

모두를 분개하게 하였다. 의식과 대상은 동일한 기능적 복합체로 고려해야 한다는 것이었다. 하나가 다른 하나를 배제한 채 규정되어서는 안 된다는 것이다. 여기서 우리는 현상학, 콘텍스트 이론, 현대 해석학적 분석의 기원이 모두 거슬러 올라가 보면 제임스에게 있음을 알 수 있다.

두 번째 질문에 대해서 제임스는 1898년 그의 버클리 유니언에서의 연설 '철학 개념과 실천 결과Philosophical Conceptions and Practical Results'에서 처음으로 언급하였고, 1907년에 『실용주의, 어떤 오랜 사고에 대한 새 이름Pragmatism, A New Name for Some Old Ways of Thinking』으로 출판된 그의 1906년 로웰 강의에서 다시 언급되었다. 제임스는 '실용주의'가 두 가지를 의미한다고 하였다. 첫째, 그것은 우선 무엇보다도 주요 개념의 진실이나 허위를 고찰하지 않고 윤리적 및 심미적 결과 면에서 평가함으로써 진실 주장을 평가하는 방법이었다. 동일 결과를 낳는 두 가지 상이한 진리는 달리 말해 기능적으로 동일하다는 것이었다. 둘째, 그것은 또한 실재에 대해 서로 갈등하는 개념을 조정하는 방법을 제안하는 것이었다. 그러한 상이한 신념들의 결과로서 사회적으로 수용 가능한 행동에 대해 공통적이고 합의될 수 있는 타당화된 방법을 낳게 된다면 사람들은 여전히 개인적인 특유한 신념들을 유지할 수 있을 것이라는 주장이었다.

그러나 제임스는 이전에 데카르트가 아주 날카롭게 제기한 마음/신체 딜레마를 자신이 해결하였다고 생각할 만큼 순진하지는 않았다. 그는 단지 과학이 그 문제를 보다 정교하게 다룰 준비를 해 준 한편, 그 분석으로 말미암아 과학의 전제들 그 자체가 설명되어야 할 입장에 처하게 되었다고 주장할 뿐이었다. 이것은 제임스에게 해결책을 찾아야 할 부분이 언어를 초월하지만, 그럼에도 그것이 여전히 경험 영역 내에 있다는 것을 의미하였다. 이런 이유로 그는 생애 말기에 심리학자들로 하여금 개방적 마음을 유지하면서 의식 역치의 저하를 연구할 것을 요구하였다. 의식 범위를 식역하로 확장할 때 우리는 삶과 정체성의 바로 그 핵심을 지적하는 변화를 발견한다. 그러나 그는 우리가 이러한 변화를 지금 세대에서 뿐만 아니라 다음 세대에서도 '이해하지' 못할 것이라고 하였다.

참/고/문/헌

Adams, J. F. & Hoberman, A. A. (1969). Joseph Buchanan, 1785-1829: Pioneer American psychologist. *Journal of the History of the Behavioral Sciences, 5,* 340-348.

Bacon, F. (1605). *The Twoo Bookes ... of the Proficiencie and Advancement of Learning, Divine and Humane.* London: Henrie Tomes.

Bailly, J. S. (Ed.). (1784). *Rapport des commissaires chargés par le roy de l'examen du magnétisme animal.* Paris: Imprimerie Royale.

Bain, A. (1861). *On the Study of Character, Including an Estimate of Phrenology.* London: Parker, Son, & Bourn.

Bain, A. (1873). *Mind and Body. The Theories of Their Relation.* New York: D. Appleton and Company.

Baldwin, J. M. (Ed.). (1901-1905). *Dictionary of Philosophy and Psychology.* New York: The Macmillan Co., 3 volumes in 4.

Beard, G. M. (1869). Neaurasthenia, or nervous exhaustion.*Boston Medical and Surgical Journal, 80,* 217-221.

Berkeley, G. (1710). *A Treatise concerning the Principles of Human Knowledge.* Dublin: Printed by Aaron Rhames for Jeremy Pepyat.

Bertrand, A. J. F. (1823). *Traité du somnambulisme et des différentes modifications qu'il présente.* Paris: Dentu.

Blau, J. L. (1967). Noah Porter (1811–1892). In P. Edwards (Ed.). *The Encyclopedia of Philosophy.* Volume 6. New York: Macmillan Publishing Co., Inc. &the Free Press. Pp. 412-413.

Boring, E. G. (1950). *A History of Experimental Psychology.* New York: Appleton-Century-Crofts, Inc.

Bouillaud, M. J. (1825). *Traité clinique et physiologique de l'encéphalité ou inflammation du cerveau, et de ses suites.* Paris: J.-B. Baillié re.

Bringmann, W. G. & Tweney, R. D. (Eds.). (1980). *Wundt Studies: A Centennial Collection.* Toronto: C.J. Hogrefe.

Bringmann, W.G., Bringmann, N. J., & Ungerer, G.A. (1980). The establishment of Wundt's laboratory: an archival and documentary study. In W. G. Bringmann & R. D. Tweney (Eds.). *Wundt Studies: A Centennial Collection.* Toronto: C. J. Hogrefe. Pp. 123-157.

Briquet, P. (1859). *Traité clinique de thérapeutique de l'hysterie.* Paris: J. B. Bailliére.

Carlson, E. T. (1956). Amariah Brigham: I. life and works. *American Journal of Psychiatry, 112,* 831-836.

Clifford, W. K. (1878). On the nature of things in themselves. *Mind, 3,* 57-67.

Cordemoy, G. de. (1666). *Le discernement du corps et de l'ame ...* Paris: Chez Florentin Lambert.

Danziger, K. (1990). *Constructing the Subject. Historical Origins of Psychological Research.* Cambridge: Cambridge University Press.

Delboeuf, J. (1886). De l'influence de l'imitation et de l'education dans le somnambulisme provoqué. *Revue philosophique, 22*, 146-171.

Dennis, W. (1948). *Readings in the History of Psychology.* New York: Appleton-Century-Crofts, Inc.

Diamond, S. (Ed.). (1974). *The Roots of Psychology: A Sourcebook in the History of Ideas.* New York: Basic Books, Inc.

Edwards, P. (Ed.). (1967). *The Encyclopedia of Philosophy.* New York: Macmillan Publishing Co., Inc. &the Free Press. 8 volumes in 4.

Ellenberger, H. (1970). *The Discovery of the Unconscious: The History and Evolution of Dynamic Psychiatry.* New York, Basic Books, Inc.

Faria, [J. C. de.] (1819). *De la cause du sommeil lucide, ou étude de la nature de l'homme.* Paris: Mms. Horiac.

Fay, J. W. (1939). *American Psychology before William James.* New Brunswick: Rutgers University Press.

Fechner, G. T. (1848). *Nanna; oder Über das Seelenleben der Pflanzen.* Leipzig: Leopold Voss.

Fechner, G.T. (1848). *Zend-Avesta; oder Über die Dinge des Himmels und des Jenseits, von Standpunkt der Naturbetrachtung.* Leipzig: L. Voss. 3 vols.

Ferrier, D. (1873). Experimental researches in cerebral physiology and pathology. *West Riding Lunatic Asylum Medical Reports, 3*, 30-96.

Fritsch, G. & Hitzig, E. (1870). *Über* die elektrische Erregbarkeit des Grosshirns. *Archiv für Anatomie, Physiologie, und wissensc-ahftliche Medicin*, 300-332.

Fuller, R. C. (1982). *Mesmerism and the American Cure of Souls.* Philadelphia: University of Pennsylvania Press, 1982.

Gall, F. J. (1822/1825). *Sur les fonctions du cerveau et sur celles de chacune de ses parties ...* Paris: J. B. Bailliére. 6 vols. [ENG: (1835). *Gall's Works. On the Functions of the Brain and Each of Its Parts ...* Translated by W. Lewis. Boston: Marsh, Capen & Lyon. 6 vols.]

Harrington, A. (1987). *Medicine, Mind, and the Double Brain. A Study in Nineteenth-Century Thought.* Princeton: Princeton University Press.

Hearnshaw, L. S. (1964). *A Short History of British Psychology, 1840-1940.* London: Methuen & Co. Ltd.

Helmholtz, H. von (1863). *Die Lehre von den Tonempfindungen, als physiologische Grundlage für die Theorie der Musik.* Braunschweig: Friedrich Viewieg und Sohn.

Hénin de Cuvillers, E. F. (1820). *Le magnétisme éclairé, ou introduction aux archives du magnétisme animal.* Paris: Barrois l'aîne.

Herbart, J. F. (1816). *Lehrbuch der Psychologie.* Königsberg: Unzer.

Herrnstein, R. J. &Boring, E. G. (Eds.). *A Source Book in the History of Psychology.* Cambridge, Massachusetts: Harvard University Press.

Hickok, L.P. (1849). *Rational Psychology: or, The Subjective Idea and the Objective Law of All Intelligence.* Auburn, [N.Y.]: Derby, Miller & Company.

Hume, D. (1739/1740). *A Treatise of Human Nature.* London: John Noon. 3 vols. [Vol. 3 published by Thomas Longman.]

Hunter, R. & Macalpine, I. (1963). *Three Hundred Years of Psychiatry, 1535-1860.* London: Oxford University Press.

Jaager, J. J. de (1865). *De physiologische tijd bij psychische processen.* Utrecht: P.W. Van de Weijer.

Jackson, J. H. (1870). A study of convulsions. *St. Andrews Medical*

Graduates' Association. Transactions, 3, 162.

Jackson, J. H. (1873). On the anatomical &physiological localisation of movements in the brain. *The Lancet, 1,* 84-85, 162-164, 232-234.

Jackson, J. H. (1931/1932). Selected Writings. Edited by James Taylor ... London: Hodder and Stoughton, Limited.

Janet, P. (1893). *Contribution à l'étude des accidents mentaux chez les hystériques.* Paris: Rueff et Cie.

Johnson, S. (1752). *Elementa Philosophica: Containing chiefly, Noetica, Or Things relating to the Mind or Understanding: and Ethica, Or Things relating to the Moral Behaviour.* Philadelphia: Printed by B. Franklin, and D. Hall.

Jones, E. (1953/1957). *The Life and Work of Sigmund Freud.* London: Hogarth Press.

Keeling, S.V. (1934). *Descartes.* London: E. Benn Limited.

La Mettrie, J. O. de. (1745). *Histoire naturelle de l'ame.* A La Haye: Chez Jean Neaulme.

Lashley, K. S. (1929). *Brain Mechanisms and Intelligence. A Quantitative Study of Injuries to the Brain.* Chicago: The University of Chicago Press.

Laycock, T. (1860). *Mind and Brain; Or, The Correlations of Consciousness and Organisation; with Their Applications to Philosophy, Zoology, Physiology, Mental Pathology, and the Practice of Medicine.* Edinburgh: Sutherland and Knox. 2 vols.

Leibniz, [G. W.] (1695). Systéme nouveau de la nature et de la communication des substances, aussi bien que de l'union qu'il y a entre l'âme et le corps. Par M.D.L. *Journal des Sçavans,* 27 Juin, 294-

300; et 4 Juillet, 301-306.

Leibniz, [G. W.] (1696). Eclaircissement du nouveau sisteme de la communication des substances, pour servir de réponse à ce qui en a esté dit dans le Journal du 12. septembre 1695. *Journal des Sçavans*, 2 avril, 166-168; et 9 avril, 169-171.

Leibniz, G. W. (1765). *Oeuvres philosophiques latines &françoises.* Amsterdam &Leipzig: J. Schreuder.

Lewes, G. H. (1845/1846). *A Biographical History of Philosophy.* London: C. Knight. 4 vols. in 2.

Lewes, G. H. (1859/1860). *The Physiology of Common Life.* Edinburgh and London: William Blackwood and Sons.

Lewes, G. H. (1874/1879). *Problems of Life and Mind.* London: Trübner & Co. 5 vols.

Müller, J. (1826). *Ueber die phantastischen Gesichtserscheinungen. Eine physiologische Untersuchung mit einer physiologischen Urkunde des Aristoteles über den Traum.* Coblenz: J. Hölscher.

Noizet, [F. J.] (1854). *Mémoire sur le somnambulisme et le magnétisme animal, addressé en 1820 à l'Académie Royale de Berlin, et publié en 1854.* Paris: Typographie de Plon Fréres, 1854.

Pardies, I. G. (1672). *Discours de la connoissance des bestes.* Paris: Chez Sebastien Mabre-Cramoisy.

Prichard, J. C. (1835). *A Treatise on Insanity and Other Disorders Affecting the Mind.* London: Sherwood, Gilbert, and Piper.

Prochaska, [J]. (1784). *De functionibus systematis nervosi commentatio (Adnotationum academicarum fasciculi III. Pars I.* ... Pragae: W. Gerle.

Reid, T. (1785). *Essays on the Intellectual Powers of Man.* Edinburgh: John Bell; London: G. G. J. & J. Robinson.

Reid, T. (1788). *Essays on the Active Powers of Man.* Edinburgh: John Bell; London: G. G. J. & J. Robinson.

Ribot, T. (1870). *La psychologie anglaise contemporaine* ... Paris: Librairie philosophique de Ladrange. [ENG: (1891). *English Psychology.* New York: D. Appleton and Company.]

Ribot, T. (1879). La psychologie allemande contemporaine ... Paris: Librairie Germer Baillière et Cie. [ENG: (1886). German Psychology of To-Day. New York: Charles Scribner's Sons.]

Richet, C. (1875). Du somnambulisme provoqué. *Journal de l'anatomie et de la physiologie normale et pathologiques de l'homme et des animaux, 2,* 348-377.

Rieber, R. W. (Ed.). (1980). *Wilhelm Wundt and the Making of a Scientific Psychology.* New York and London: Plenum Press.

Rosenberg, C. (1962). The place of George M. Beard in nineteenth- century psychiatry. *Bulletin of the History of Medicine, 36,* 245-259.

Rush, B. (1948). *The Autobiography of Benjamin Rush: His "Travels through Life," Together with His Commonplace Book for 1789-1813,* edited by G.W. Corner. Princeton: Princeton University Press, 1948.

Scarborough, E. (1992). Mrs. Ricord and psychology for women, circa 1840. *American Psychologist, 47,* 274-280.

Showalter, E. (1985). *The Female Malady. Women, Madness, and English Culture, 1830-1980.* New York: Pantheon Books.

Sklar, K. K. (1973). *Catherine Beecher. A Study in American*

Domesticity. New Haven and London: Yale University Press.

Spencer, H. (1870). *The Principles of Psychology.* (2nd edition). London: Williams and Norgate.

Spencer, H. (1904). *An Autobiography.* London: Williams and Norgate. 2 vols.

Tinterow, M. M. (1970). *Foundations of Hypnosis from Mesmer to Freud.* Springfield, Illinois: Charles C. Thomas, Publisher.

Tracy, P. J. (1980). *Jonathan Edwards, Pastor: Religion and Society in Eighteenth-Century Northampton.* New York: Hill and Wang.

Tyndall, J. (1871). *Fragments of Science for Unscientific People: A Series of Detached Essays, Lectures, and Reviews.* London: Longmans Green and Co.

Upham, T. C. (1831). *Elements of Mental Philosophy, Embracing the Two Departments of the Intellect and the Sensibilities.* Portland: S. Colman; Boston: Hilliard Gray &Co.

Upham, T. C. (1834). *A Philosophical and Practical Treatise on the Will.* Portland: Published by William Hyde.

Upham, T. C. (1869). *Mental Philosophy; Embracing the Three Departments of the Intellect, Sensibilities, and Will.* New York: Harper & Brothers.

Vartanian, A. (1967). Julien Offray De La Mettrie (1709-1751). In P. Edwards (Ed.), *The Encyclopedia of Philosophy.* Volume 3. New York: Macmillan Publishing Co., Inc. & the Free Press. Pp. 379-382.

Vesey, G. N. A. (Ed.). (1964). *Body and Mind: Readings in Philosophy.* London: George Allen and Unwin, Ltd.

Vesey, G. N. A. (1965). *The Embodied Mind.* London: George Allen and Unwin, Ltd.

Warren, H.C. (1921). *A History of the Association Psychology*. New York: Charles Scribner's Sons.

Woodward, W. R. & Ash, M. G. (Eds.). (1982). *The Problematic Science: Psychology in Nineteenth-Century Thought*. NY: Praeger.

Wundt, W. (1867). Neuere Leistungen auf dem Gebiete der physiologischen Psychologie. *Vierteljahrsschrift für Psychiatrie in ihren Beziehungen zur Morphologie und Pathologie des Central-Nerven-Systems, der physiologischen Psychologie, Statistik und gerichtlichen Medicin, 1*, 23-56.

Wundt, W. (1909). *Das Institut für experimentelle Psychologie*. Leipzig: Hirzel.

Young, R. M. (1970). *Mind, Brain and Adaptation in the Nineteenth Century. Cerebral Localization and its Biological Context from Gall to Ferrier*. Oxford: Clarendon Press.

찾/아/보/기

인명

내용

저자 소개

Dr. Robert H. Wozniak

College of Holy Cross 학사(1966)

University of Michigan Ph.D. (1971, Psychology)

전 University of Minnesota, Columbia University 조교수

현 Katharine Elizabeth McBride 교수

Bryn Mawr College 인간발달 및 아동연구소장

Bryn Mawr College 심리학과 교수

〈주요 저서〉

Foundations in the History of Psychology (2001)

The Evolutionary Origins of Developmental Psychology: History of Psychology (공저, 1995)

역자 소개

진영선

현재 경북대학교 심리학과 교수로 재직 중이며, 경북대학교를 졸업하고 미국 University of Florida 대학원에서 심리학 박사학위를 받았다. University of Maryland University College에서 객원교수를, 캐나다 McMaster Univ. 노년학연구소에서 리서치 펠로우를 역임하였다. 주요 관심사는 인지 노화 및 실험 인지신경심리다.

e-mail: ysjin@knu.ac.kr

한일조

현재 금오공과대학교 교양교직학부 교수 및 교수학습개발센터 소장으로 재직 중이며, 경북대학교를 졸업하고 미국 University of Washington 대학원에서 교육학 박사학위를 받았다. 주요 관심사는 교육 및 도덕교육 사상이며, 최근에는 도덕성에 대한 뇌/신경과학적 성과를 해석하고 있다.

e-mail: ijhan@kumoh.ac.kr

마음 · 뇌 · 심리:

데카르트에서 제임스까지

Mind and Body: René Decartes to William James

2011년 3월 14일 1판 1쇄 인쇄
2011년 3월 21일 1판 1쇄 발행

지은이 • Robert H. Wozniak
옮긴이 • 진영선 · 한일조
펴낸이 • 김진환
펴낸곳 • (주)학지사
121-837 서울특별시 마포구 서교동 352-29 마인드월드빌딩 5층
대표전화 • 02) 330-5114 팩스 • 02) 324-2345
등록번호 • 제313-2006-000265호

홈페이지 • http://www.hakjisa.co.kr
커뮤니티 • http://cafe.naver.com/hakjisa

ISBN 978-89-6330-600-1 93180

정가 9,000원

역자와의 협약으로 인지는 생략합니다.
파본은 구입처에서 바꾸어 드립니다.